A Espiritualidade nos Relacionamentos

Paramhansa Yogananda

A Espiritualidade nos Relacionamentos

A Sabedoria de Yogananda

Tradução:
GILSON CÉSAR CARDOSO DE SOUSA

Editora Pensamento
SÃO PAULO

Título original: *Spiritual Relationships.*

Publicado originalmente por Crystal Clarity Publishers. 14618 Tyler Foote Road, Nevada City, California 95959; tel.: 530-478-7600; www.crystalclarity.com.

Texto de acordo com as novas regras ortográficas da língua portuguesa.

1ª edição 2011.

3ª reimpressão 2017.

Coordenação editorial: Denise de C. Rocha Delela e Roseli de S. Ferraz

Preparação de originais: Roseli de S. Ferraz

Revisão: Nilza Agua

Diagramação: Fama Editoração Eletrônica

Dados Internacionais de Catalogação na Publicação (CIP)
(Câmara Brasileira do Livro, SP, Brasil)

Yogananda, Paramhansa
A espiritualidade nos relacionamentos : a sabedoria de Yogananda tradução Gilson César Cardoso de Sousa. — São Paulo : Pensamento, 2011.

Título original: Spiritual relationships.
ISBN 978-85-315-1737-2
1. Bhagavad Gita — Meditações 2. Bíblia — Meditações 3. Espiritualidade 4. Self-Realization Fellowship I. Título.

11-05171 CDD-294.544

Índices para catálogo sistemático:
1. Relacionamento : Sabedoria oriental : Espiritualidade : Hinduísmo 294.544

Direitos de tradução para o Brasil
adquiridos com exclusividade pela
EDITORA PENSAMENTO-CULTRIX LTDA.
Rua Dr. Mário Vicente, 368 — 04270-000 — São Paulo, SP
Fone: (11) 2066-9000 — Fax: (11) 2066-9008
E-mail: atendimento@editorapensamento.com.br
http://www.editorapensamento.com.br
que se reserva a propriedade literária desta tradução.
Foi feito o depósito legal.

Sumário

Nota do editor

A Diferença entre Paramhansa e Paramahansa

A palavra *paramhansa, paramahansa*, ou ainda *paramahamsa*, significa "cisne supremo". Trata-se do mais alto título na religião hindu. Suas raízes estão em suas antigas doutrinas e, literalmente, também significa **EU SOU AQUELE**, ou o Espírito. O aspirante que se eleva acima do *hansa* ou acima do "eu", e que chegou na quarta e última etapa do Caminho Espiritual, torna-se uno com o Todo Universal.

De acordo com os eruditos em sânscrito, *paramhansa* é uma palavra escrita com mais propriedade na forma *paramahansa*, com um *a* extra medial. As minúcias dos estudiosos do orientalismo védico, porém, nem sempre coincidem com a compreensão da mente não instruída.

Em português, esse *a* medial torna mais problemática a pronúncia do ponto em que se faz uma pausa, dando, assim, ênfase a uma letra que, na Índia, não é pronunciada. Em outras palavras, as pessoas falantes de língua portuguesa ou, muito provavelmente, qualquer não indiano médio, pronuncia assim esta palavra: *paramahansa*. Entretanto, a pronúncia correta é *paramhansa*.

Para os ocidentais que simplesmente desejam tomar conhecimento, com certo grau de exatidão, de que modo pronunciar essa difícil palavra, convém dizer que os eruditos em sânscrito aceitam a pronúncia *paramhansa*.

Apresentação

Caro leitor,

Que visão maravilhosa da vida Paramhansa Yogananda descreve nestas páginas enquanto examina todos os relacionamentos e seu divino potencial! Sempre realista, prático e envolvente, Yogananda não teme encarar os desafios mais corriqueiros com que nos defrontamos, oferecendo ao mesmo tempo soluções e orientações claras, vigorosas.

Paramhansa Yogananda chegou aos Estados Unidos, vindo da Índia, em 1920 e trouxe para o Ocidente as lições e técnicas do yoga, a antiga ciência do despertar da alma. Foi o primeiro mestre de yoga a estabelecer-se no Ocidente e sua *Autobiografia de um Yogue* tornou-se, no gênero biográfico, o maior *best-seller* de todos os tempos, despertando nos ocidentais o fascínio pelas lições espirituais do Oriente.

O yoga é a antiga ciência que redireciona as energias da pessoa para seu mundo interior a fim de promover o despertar espiritual. Além de transmitir aos americanos as técnicas mais práticas e eficientes de meditação, Yogananda mostrou-lhes como esses princípios podem ser aplicados a todos os setores da vida. Foi escritor, conferencista e compositor prolífico. Morou nos Estados Unidos, durante 32 anos, até sua morte em 1952.

Os textos incluídos neste livro provêm de diversas fontes: lições que redigiu nos anos 1920 e 1930; artigos publicados nas revistas *Inner Culture* e *East West* antes de 1943; a edição de 1949 de *Whispers from Eternity*; e notas tomadas por Swami Kriyananda durante o tempo em que foi um dos discípulos mais próximos de Yogananda.

Nosso objetivo, aqui, é permitir que o espírito do Mestre se expresse por si mesmo, com um mínimo de interferência do editor. Vez por outra algumas frases, redundantes no presente contexto, foram eliminadas. Em certas passagens, alteramos palavras e sinais de pontuação para deixar mais claro o significado. Tudo fizemos para não modificar em circunstância alguma o intento original.

Possam as lições de Yogananda sobre relacionamentos espirituais infundir na vida do leitor mais lucidez, inspiração e amor divino.

Crystal Clarity Publishers

A Espiritualidade nos Relacionamentos

Capítulo 1

Amizade

A Arte de Fazer Amigos

A amizade é o amor de Deus brilhando pelos olhos de nossos entes queridos, chamando-nos de volta ao lar para beber Seu néctar da unidade, que dissolve todas as formas de egoísmo. A amizade é o toque de trombeta divino, conclamando a alma a destruir as divisões que a separam das outras e de Deus. A verdadeira amizade une duas almas tão completamente que elas passam a refletir a unidade do Espírito.

A verdadeira amizade é ampla e abrangente. O apego egoísta a uma única pessoa, com exclusão das demais, inibe o desenvolvimento da amizade divina. Estenda os limites do reino luminoso de seu amor, incluindo nele, aos poucos, a família, os vizinhos, a comunidade, o país, o mundo – em suma, todos os seres vivos. Seja um amigo cósmico, imbuído de ternura e afeto pela criação divina, pronto a disseminar o amor por toda parte.

Para ter amigos, você precisa manifestar amizade. Se abrir a porta para o poder magnético da amizade, atrairá uma ou várias almas de vibrações semelhantes. Quanto mais amigável se mostrar para com *todos*, maior será o número de amigos verdadeiros que terá.

Quando existe amizade verdadeira entre duas almas, que buscam juntas o amor espiritual e o amor de Deus, procurando unicamente servir uma à outra, sua amizade gera a chama do Espírito. Por meio da perfeita amizade divina e da busca mútua de perfeição espiritual, você encontrará o Grande Amigo.

As leis infalíveis da amizade

Não mostre familiaridade excessiva para com um amigo nem lhe seja indiferente. Não o limite dizendo: "Sei tudo sobre você". O respeito e o afeto crescem entre amigos com o tempo. "A familiaridade é a mãe do desprezo" para aqueles que se mostram mutuamente imprestáveis, egoístas, materialistas e incapazes de inspiração ou autodesenvolvimento. Quanto maior o serviço mútuo, mais profunda a amizade. Por que Jesus tem tantos seguidores? Porque Ele, como os outros grandes mestres, é insuperável no serviço que presta à humanidade.

Para atrair amigos, você precisa possuir as qualidades de um amigo verdadeiro. A amizade cega costuma terminar em ódio cego e repentino. A conquista da sabedoria e da compreensão espiritual graças ao esforço recíproco pode ligar duas almas pelas leis do amor divino que nunca morre.

A amizade e o amor humanos têm por base o serviço nos planos físico, mental ou empresarial. Não duram muito e são condicionais. Mas o amor divino tem por fundamento o serviço nos planos espiritual e intuitivo – é incondicional e eterno.

Quando há amizade perfeita, entre dois corações ou num grupo de corações de uma organização espiritual, essa amizade aperfeiçoa todos os indivíduos. Na alma purificada pela amizade, abre-se uma porta unificadora pela qual outras almas são convidadas a entrar – quer a amem ou não. Quando a amizade divina impera no templo do coração, a alma se dilui na vasta Alma Cósmica, deixando para trás os laços limitadores que a separavam da criação divina.

Não considere ninguém um estranho. Aprenda a sentir que todos são seus parentes. O amor familiar é apenas um dos primeiros exercícios no curso de Amizade do Divino Mestre, elaborado para ensinar aos nossos corações o amor abrangente. O sangue vital de Deus circula nas veias de todos os povos. Como pode alguém odiar um ser humano de outra raça sabendo que Deus vive e respira em todas? Somos americanos, indianos, etc., por pouco tempo; mas somos filhos de Deus para sempre. A alma não pode ficar confinada em limites traçados pelo homem: sua nacionalidade é o espírito e seu país é a Onipresença.

Não significa que você deva conhecer e amar todos os seres humanos e criaturas vivas pessoal e individualmente. Precisa apenas estar sempre pronto para espalhar a luz do serviço amistoso sobre todos os entes com quem entrar em contato. Isso exige preparo e esforço mental constante – em outras palavras, desprendimento. O sol brilha igualmente sobre o diamante e o carvão, mas o primeiro desenvolveu qualidades para refletir a luz enquanto o segundo apenas a absorve. Imite o diamante em seu convívio com as pessoas. Reflita o fulgor da luz do amor divino.

Por que amar os inimigos?

O segredo da força de Cristo está no amor que sente por todos, mesmo por seus inimigos. Mais vale conquistar pelo amor o coração da pessoa que nos odeia do que vencê-la por outros meios. Para o homem comum, semelhante doutrina parece absurda. Ele devolve dez bofetadas por uma que recebeu e, de sobra, ainda lhes acrescenta mais vinte. Por que amar um inimigo? Faça-o para introduzir os raios de seu afeto no coração empedernido daquele que o odeia e derribar as paredes do sofrimento que separam sua alma da dele.

Evite tudo quanto possa prejudicar a você e aos outros. Se for autoindulgente ou se estimular os vícios de alguém, será um inimigo disfarçado de amigo. Sendo leal para consigo mesmo e amigo fiel dos outros, você conquista a amizade de Deus. Seu amor se expandirá até tornar-se o Amor único que flui por todos os corações.

O Coração da Amizade

Permanecerei nos corações como o amigo desconhecido, sempre suscitando neles sentimentos luminosos e instando-os em silêncio, por intermédio de seus próprios pensamentos, a renunciar a sonhos mundanos.

Contemplarei a pessoa que hoje se considera minha inimiga como um verdadeiro irmão divino oculto por trás de um véu de incompreensão. Rasgarei esse véu com a adaga do amor para que, vendo minha simpatia humilde e pronta a perdoar, ele receba a oferenda de minha boa vontade.

As portas de minha amizade ficarão permanentemente abertas tanto para os irmãos que me amam quanto para os que me detestam.

Sentirei pelos outros o que sinto por mim mesmo. Propiciarei minha salvação ajudando meus semelhantes.

O Caminho Social para a Onipresença

O caminho social para obter a consciência cósmica consiste em expandir o germe do amor divino que está em nossa alma. Amor demais da parte do ego confina a alma nos limites da carne. A alma é um reflexo onipresente do Espírito que permeia todas as coisas.

O ego é a consciência anímica ligada ao corpo. A alma, como ego, esquece a própria onipresença e considera-se limitada pelo corpo.

Quando o ego começa, graças à simpatia prática, a sentir-se em outros corpos, passa a recuperar sua esquecida onipresença. Ao contrário do homem mundano de vistas curtas, a alma divina trabalha não apenas para si mesma num corpo só, mas também para si mesma no corpo dos semelhantes. Você precisa aprender a buscar nutrição, prosperidade, cura ou sabedoria, não para si num único corpo, mas para si em todos os corpos.

A maneira sociável de desenvolver a consciência cósmica é amar a família, os vizinhos, o país e o mundo inteiro como a nós mesmos. Você é o rei e o reino de seu amor inclui não apenas os seres humanos como também os animais, as flores, as estrelas, todas as criaturas vivas. Ame os homens como seus irmãos, as mulheres como suas irmãs, os idosos como seus pais, os seres humanos – negros, morenos, amarelos, brancos e pardos – como seus amigos e parentes. Esse é o caminho social para se atingir a consciência cósmica.

Sabedoria na Amizade

Algumas almas, ao primeiro olhar, se tornam nossas;

Outras, que vemos com frequência, permanecem para sempre desconhecidas.

No entanto, a Senhora Sabedoria nos sussurra:

"Amar da mesma forma os teus e os desconhecidos é o caminho do Céu".

Que é a Verdadeira Amizade?

A amizade é a atração espiritual universal que une as almas com os laços do amor divino. Se você abrir as portas para o poder magnético da amizade, atrairá uma ou muitas almas de vibração idêntica. A amizade é a manifestação do amor de Deus por você, expresso por intermédio de seus amigos – o patrimônio mais valioso que alguém possa ter.

Atraímos aqueles que se parecem conosco. É a lei da vibração. A amizade é eterna. Se você conseguir fazer uma amizade por meio da qual Deus desperte em seu íntimo, essa será a maior das amizades.

A verdadeira amizade consiste em se buscar juntos o progresso da alma. Nunca se deve ter em mente uma conquista material ou alguma coisa a ganhar. Ela é a consciência cada vez mais aguçada da igualdade e uma mescla de almas sem nenhum objetivo físico.

Somente a construção da sabedoria e da compreensão intuitiva por esforço mútuo pode unir duas almas pelas leis do amor divino universal, que é incondicional e tem por base o serviço nos planos espirituais.

A amizade é o mais puro dos amores. No amor dos pais pelos filhos existe compulsão; no amor dos filhos pelos pais existe compulsão; no amor entre amantes existe compulsão – mas na verdadeira amizade não existe compulsão alguma. Amar é ser útil. Se você quiser o amor de amigos e do mundo, seja útil para eles.

Seja amigo dos inimigos

Seja amigo até do inimigo, pois, se for inimigo do inimigo, aumentar-lhe-á o ódio e o tornará ainda mais agressivo. Toda pessoa que tenta agredir os outros agride primeiro a si mesma. Você não pode odiar seus semelhantes sem antes envenenar-se a si mesmo. Não é de seu interesse detestar ninguém.

Lembre-se, Deus está em seu inimigo tanto quanto em seu amigo. Quando vê Deus naqueles que o amam e naqueles que o odeiam, percebendo o amor divino que tudo permeia, você reconhece Sua onipotência.

O ódio se propaga no éter. Quando alguém emite ódio e você se sintoniza com esse sentimento, recebe-o; mas se estiver sintonizado com o amor, não importa quantas vibrações de ódio sejam emitidas, você não as capta. Você deve cultivar o amor em seu coração, pois o amor é o ímã que atrai as pessoas e a adaga que cerceia o ódio.

Na amizade pura você encontrará Deus. Para ser um amigo verdadeiro, você deve se reconhecer como uma alma; e se se reconhecer como uma alma, será um amigo perfeito. Caso não consiga ser amigável, infringirá a lei divina da autoexpansão pela qual, unicamente, a alma evolui para o Espírito. Sendo autêntico consigo mesmo e um amigo verdadeiro dos outros, você ganhará a amizade de Deus.

O Propósito Divino da Amizade

A amizade é a atração espiritual universal que une as almas nos laços do amor divino. O Espírito era Uno. Graças à lei da dualidade, tornou-se dois – positivo e negativo. Em seguida, obedecendo à lei do infinito aplicada à lei da relatividade, tornou-se muitos. Agora, o Uno nos muitos procura fundi-los de novo. Esse esforço do Espírito para unificar muitas almas em Uma ocorre por intermédio de nossas emoções, inteligência e intuição, exprimindo-se na amizade.

Amizade

Será a amizade o enlace das fibras rubras de dois corações?
Será a união de duas mentes numa mente única e infinita?
Será o jorro comum das fontes do amor?
Será o engrossar das correntes do amor em almas ressequidas?
Será a rosa espiritual nascida de dois pecíolos gêmeos
Projetados por um único pedúnculo de compaixão?
Será um pensamento só em dois corpos?
Ou lembrará dois robustos corcéis
Diferentes na cor e na postura
Que puxam a carruagem da vida juntos
Para um destino único, visualizado por um único olhar mental?
A amizade se funda em igualdades ou desigualdades?
É edificada sobre pedras diferentes?
A amizade é o acordo tácito,
Mão na mão, caminhada cega de duas almas,
Que loucamente se rejubilam em sua loucura comum
Para no fim cair em abismos de desilusão?

A amizade é nobre, frutífera, sagrada –
Duas almas que marcham na diferença
E ao mesmo tempo na harmonia, concordando e discordando,
Evoluindo de maneiras diversas
E com o objetivo único de encontrar o consolo final no prazer verdadeiro.
Quando o amante nunca busca
A própria satisfação à custa do amado,

Então, no jardim do desprendimento,
A amizade desabrocha em flores perfumadas.
Pois a amizade é um híbrido, fruto de duas almas,
A fragrância mista de duas flores diferentes
Nascidas juntas na brisa acariciante do vento.
A amizade surge do âmago
De vínculos secretos, inexplicáveis.
A amizade é a fonte dos sentimentos autênticos.
A amizade cresce na semelhança e na diferença.
A amizade dorme ou morre na intimidade
E decai na cobiça dos egos de visão curta.
A amizade ganha estatura e robustez
No solo da unidade do corpo, mente e alma.
Exigências, logros, o senso sórdido de posse,
A grosseria, o egoísmo estreito e a desconfiança
São o cancro que rói o coração da amizade.
Ah, a amizade! Flor desabrochada no paraíso!
Nutrida no solo do amor sem barreiras,
Na busca conjunta do progresso espiritual
Por duas almas que aplainam o caminho uma da outra!
És regada pelo zelo do afeto,
Pelo orvalho suave da doçura interior e exterior
Emanada do coração desprendido da devoção.
Ah, a amizade! No chão que tuas flores espirituais semeiam,
Nesse santuário excelso de fragrância,
O Amigo de todos os amigos anseia por repousar!

O Instinto de Amizade

O esforço que Deus faz para unir a humanidade atribulada se manifesta em nosso coração como instinto de amizade.

Faça de tudo para retomar o contato com seus amigos de encarnações passadas, que você reconhecerá por qualidades físicas, mentais e espirituais familiares. Ignorando quaisquer considerações de ganho material ou mesmo espiritual, aperfeiçoe sua amizade, iniciada em existência anterior, e transforme-a em amizade divina.

Quando a amizade divina impera no templo do coração, a alma individual se funde com a imensidade da Alma Cósmica, deixando para trás os laços limitadores que a separavam das criaturas de Deus animadas ou inanimadas.

Capítulo 2

A Loucura do Egoísmo

Julgamento

Quando você falar mal de alguém pelo simples gosto do mexerico ou pela força do hábito, lembre-se: o Pai Celestial irá julgá-lo da mesma maneira. Atraímos aquilo que damos. Se propalarmos as fraquezas dos outros, a Lei Divina, de uma maneira misteriosa, tornará públicas as nossas.

O mexerico nunca cura sua vítima; apenas a torna colérica, desesperada ou envergonhada. Fortalece sua determinação de continuar a ser má. Reza um provérbio: "O homem que perdeu uma orelha entra na cidade pelas vielas a fim de mostrar a que resta e esconder a que falta. Mas aquele que perdeu as duas entra pela rua principal, pois nada tem a ocultar".

A pessoa cujas falhas morais ficam indevidamente expostas torna-se descuidada e impudente como o homem que perdeu as duas orelhas e, por isso, não faz nenhum esforço para evoluir. Assim, não devemos julgar de um modo que prejudique a pessoa julgada.

"Não julgues os outros; julga a ti mesmo." Se gosta de denunciar em altos brados os erros alheios, satisfaça esse prazer falando aos quatro ventos dos seus – esteja certo de que não vai gostar nem um pouco disso! Se não pode tolerar um minuto sequer a publicidade de seus próprios defeitos, então não se rejubile espalhando os dos outros.

O mal que você divulga sobre seus semelhantes ganha corpo porque as pessoas estão sempre prontas a punir a vítima sem conhecer as circunstâncias que a levaram a falhar moralmente. Sem dúvida, em casos raros, o medo da exposição desperta em algumas pessoas o desejo de serem boas; mas esse desejo desaparece quando suas faltas são tornadas públicas. Além disso, pela publicidade, o erro da pessoa fica parecendo mais grave, enquanto gente com fraquezas bem maiores permanece ignorada.

Se existe sujeira mental em sua própria residência interior, trate de limpá-la e não perca tempo comentando o lixo mental da casa dos outros. Os críticos autoproclamados em geral não se dão ao trabalho de averiguar suas próprias fraquezas. Acham que estão muito bem porque conseguem ver as mazelas alheias. Não se esconda por trás dessa errônea cortina de fumaça mental. A menos que seja um modelo de perfeição, não tem o direito de ensinar aos outros como se livrar das falhas que você mesmo apresenta.

Somente uma pessoa gentil, sensata e equilibrada poderá criticar as faltas alheias. Segundo a lei de causa e efeito, se você julgar os outros com brandura, receberá o mesmo tratamento do princípio da Verdade, que às ocultas governa o mundo. Se julgar os outros com aspereza, atrairá dos outros críticas contundentes, que o tornarão infeliz.

Não é sábio pôr a nu as fraquezas alheias, causando embaraços e provocando ressentimentos. Julgar com crueldade as más ações dos outros nos faz esquecer que o pecador é apenas um filho de Deus vitimado pelo erro. Odeie o pecado, mas nunca o pecador, pois ele é seu irmão divino cujo entendimento foi eclipsado pela ignorância. A finalidade do julgamento deve ser apenas terapêutica, sem o arroubo impiedoso da cólera. Temos de tratar a pessoa vitimada pelo erro do modo como gostaríamos de ser tratados caso estivéssemos em seu lugar. No mesmo espírito com que julgarmos seremos julgados pela lei divina.

Grosseria

Palavras grosseiras são assassinos impiedosos das amizades antigas e da harmonia dos lares. Tire-as de seus lábios para sempre e deixe sua vida familiar livre de tribulações. Palavras doces e sinceras são néctar para almas sedentas.

Faça-se sedutor envergando o traje elegante da linguagem genuinamente cortês. Em primeiro lugar, seja bem-educado com seus parentes próximos. Quem age assim normalmente é gentil com todas as pessoas. A verdadeira felicidade doméstica tem por base o altar da compreensão e das frases polidas.

Para ser gentil, não é necessário concordar com tudo; mas, se não concordar, permaneça calmo e cortês. É fraqueza humana ceder à cólera e à irritação; é força divina conseguir refrear os cavalos selvagens do temperamento e da fala. Não importa qual seja a provocação, contenha-se e, apelando para a calma do silêncio ou para a gentileza autêntica das palavras, mostre que seu cavalheirismo é mais forte que o destempero do agressor. Frente à luz suave de seu perdão, todo o ódio reunido de seus inimigos se dissolverá.

Excesso de Suscetibilidade

A suscetibilidade se deve à falta de controle sobre o sistema nervoso. Às vezes, os nervos se rebelam contra um pensamento que atravessa a mente. Mesmo havendo razões para o descontrole, não devemos nos melindrar nem ficar irritados. Se, com todos os motivos para o descomedimento, você se refreia, então é dono de si mesmo.

Não sejamos por demais irritadiços nem tenhamos piedade excessiva de nós mesmos, pois isso aumenta a suscetibilidade. Talvez você esteja agastado com alguma coisa e ninguém o saiba. É melhor olhar para dentro de si mesmo e remover a causa desses melindres.

Muitas pessoas sentem pena de si mesmas e acham que isso lhes traz algum alívio. Mas a autopiedade é um vício como o do ópio. Toda vez que o viciado em ópio toma a droga, mais se afunda na dependência. Seja forte como o aço contra a autopiedade.

Você deve ser capaz de controlar seus arroubos prontamente. Se o fogo da suscetibilidade devorar seu coração e você permitir que ele ali permaneça, as fibras de sua paz serão consumidas. Controle-o você mesmo, sabendo que o excesso de suscetibilidade nada mais é que um agente de Satã empenhado em destruir sua paz de espírito. Sempre que o ressentimento visitar seu coração, será como a estática no rádio de sua alma, pronta a desconectá-lo da canção divina da serenidade, que deve soar em seu íntimo caso você não seja excessivamente suscetível. Quando a suscetibilidade se manifestar, tente vencer a emoção e não se queixe dos outros. Responsabilize-se por ela. É a única maneira de superá-la.

Crítica Destrutiva

Há dois tipos de crítica: a construtiva e a destrutiva. Quando feita a pessoas que não gostam de ser censuradas, é destrutiva. A crítica construtiva limita-se a dar conselhos para o despertar da alma de amigos que querem e pediram sua ajuda. A crítica construtiva deve ser feita em tom amigável.

Não será fácil para você criticar os outros de maneira correta e gentil antes de criticar-se a si mesmo com severidade. Se conseguir visualizar claramente as faltas alheias com simpatia, como se fossem as suas, então estará tomando uma atitude correta.

A crítica tácita é pior que a crítica em palavras. Nada mais tolo do que censurar os outros no íntimo, em silêncio. Elimine da mente toda crítica adversa a seus semelhantes.

Critique os outros amavelmente com um olhar ou com uma ligeira sugestão, usando um mínimo de palavras quando a pessoa houver solicitado seu parecer. Não faça a mesma crítica mais de duas vezes. Lance suas observações amáveis como sementes que irão germinar no solo das almas receptivas. Se essas almas quiserem cultivá-las, tanto melhor para elas. Você não pode forçar ninguém a fazer o que não quer. Com a crítica certa na hora certa, ajudará em muito as pessoas.

Quando as escamas da ignorância caírem de seus olhos interiores, você conseguirá avaliar exatamente os pontos fortes e fracos dos outros. Aprenderá não apenas a ser tolerante, mas também a reverenciar somente o que é bom e a ignorar o que é psicologicamente nocivo.

Nós nos perdoamos em toda e qualquer circunstância. Por que então não perdoar os outros em toda e qualquer circunstância? Quando estamos errados, não gostamos de alardear nossos erros; mas, quando os outros erram, apressamo-nos a desmascará-los imediatamente. Possuídos pelo amor de Deus, tornamo-nos críticos divinos. Um crítico divino é um curador que tem a coragem de assumir a desagradável responsabilidade de corrigir seus próprios filhos com um único objetivo em mente: melhorá-los.

Inveja

Se você é por natureza uma mulher sem muitos encantos e tem inveja de mulheres por natureza bonitas, adote todos os truques razoáveis de salão de beleza para se tornar mais atraente. Melhor ainda:

se seu corpo for feio, enfeite sua alma com os finos ornamentos da sinceridade, personalidade magnética, sorrisos envolventes e contagiantes, cultura superior e eficiência máxima para ir de encontro às exigências e ao temperamento das pessoas difíceis.

Determine o que realmente a torna bonita. Corpos encantadores com almas insignificantes nada mais são que esqueletos ocultos pelo sepulcro frágil da carne. Vivendo e agindo como se não tivéssemos alma, estamos como que mortos.

Se você tem inveja dos dotes físicos de outra pessoa, discipline-se interiormente até dotar-se com as esplêndidas qualidades espirituais de uma alma evoluída. Embeleze o rosto com um sorriso cativante, que afaste a melancolia e seja fruto da consciência límpida, da ação correta, da atitude inofensiva, da doçura interior e exterior.

Se você, doentio, inveja a robustez de alguém, tente seguir ao máximo a lei da saúde com sensatez, paciência e perseverança, até se tornar uma pessoa saudável.

A inveja pode ser construtiva ou destrutiva. Quando é construtiva e prenunciadora de resultados benéficos, ótimo. Se você inveja seu maior rival nos negócios a ponto de dirigir todos os esforços para aumentar a atividade e obter mais sucesso, esse sentimento pode ser positivo. Mas, se não tomar o devido cuidado, a inveja construtiva pode se transformar em inveja destrutiva. Esta é desprezível e procura pôr em risco os interesses tanto do invejoso quanto de sua vítima.

Lisonja *versus* Verdade

É sempre bom falar a verdade; mas melhor ainda é dizer verdades agradáveis, evitando-se as desagradáveis. Dirigir-se assim a um manco: "Olá, senhor Manco" pode ser verdadeiro, mas trata-se de uma verdade grosseira e prejudicial, que devemos evitar a todo custo. É ruim criticar quando a crítica não foi solicitada, mas é benéfico *ouvir* uma crítica gentil e é admirável aceitar uma censura firme, mas veraz, com sorrisos e mostras de gratidão.

A lisonja pode ser boa quando estimula a pessoa a agir corretamente. No entanto, é perniciosa quando procura esconder uma ferida espiritual, permitindo que ela se inflame e envenene a alma com a ignorância. Todos gostamos de lisonjas, tal como muitas pessoas saboreiam sem saber mel envenenado. Também gostamos, no íntimo, de desculpar nossas falhas prejudiciais e esconder grandes furúnculos psicológicos que possam abalar e infectar nossa vida espiritual.

A lisonja alheia e os sussurros reconfortantes de nossos próprios pensamentos afagam docemente nossos ouvidos. A sabedoria humana é muitas vezes contaminada pela peçonha das palavras aduladoras. Muita gente perde com gosto dinheiro, tempo, saúde e mesmo caráter em troca das insinuações maldosas e enganadoras de parasitas que se dizem amigos.

Um santo tinha um amigo que sempre o criticava, para grande desgosto de seus discípulos. Certo dia, um destes procurou-o, exultante: "Mestre, teu inimigo, o esmiuçador de defeitos, morreu!" O mestre prorrompeu em lágrimas e lamentou: "Meu melhor crítico espiritual se foi! Estou de coração partido".

Muitas pessoas preferem a bajulação à crítica inteligente e naufragam por não dar ouvidos às honestas advertências de mestres espirituais bem-intencionados. Assim, toda vez que alguém o criticar com brandura ou aspereza, pergunte-se: "Terei sido ludibriado por palavras doces, permitindo que minha sabedoria caísse prisioneira da lisonja?"

Lembrete

Você não pode amar a Deus e, ao mesmo tempo, ser grosseiro com seus semelhantes. Você não pode amar a Deus e ceder à cólera. O modo como trata os outros reflete sua consciência, mas também a condiciona.

Não suponha jamais que conquistará o amor de Deus sem antes conquistar o de seus semelhantes. Ame-O; mas ame-O igualmente em todas as criaturas.

Ó Fonte de Amor, faze-nos sentir que nossos corações e nosso afeto pelos entes queridos emanam do Teu Amor Onipotente! Ó Fonte Imensa dos rios de nossos desejos, ensina-nos a não deixarmos secar nossos corações e a não nos perdermos nos areais das satisfações passageiras dos sentidos! Abençoa-nos para que os regatos de nossa simpatia, afeição e amor não se embebam na aridez do egoísmo sequioso!

Capítulo 3
Como Ser Amigo

O Serviço é a Tônica da Amizade

Cultive a verdadeira amizade, pois só assim você atrairá amigos verdadeiros. A verdadeira amizade consiste nos préstimos mútuos, no auxílio aos amigos em situação difícil, na simpatia pelo sofrimento, no conselho em pleno infortúnio, no socorro financeiro em ocasiões de real necessidade. O amigo se rejubila com a boa sorte dos amigos e ampara-os na desgraça. Esquece prontamente os prazeres egoístas e o interesse próprio em favor da felicidade dos amigos, sem consciência de perda ou sacrifício e sem avaliar custos.

Nunca seja sarcástico com um amigo. Não o lisonjeie exceto para encorajá-lo. Não concorde com ele quando estiver errado. A amizade autêntica não pode testemunhar com indiferença o prazer falso e prejudicial de um amigo. Isso não quer dizer que você deva brigar com ele. Faça sugestões mentais; ou, caso seu parecer for solicitado, dê-o com gentileza e amabilidade. Só os idiotas brigam. Os amigos discutem suas diferenças.

Pessoas há que não confiam em ninguém e até duvidam da possibilidade de ter algum dia amigos verdadeiros. Alguns chegam mesmo a gabar-se de que não precisam deles. Se você não conseguir ser amigável, desrespeitará a lei divina da autoexpansão, pela qual a alma evolui e se transforma em Espírito. Nenhum homem incapaz de inspirar confiança e de ampliar o reino de seu amor e afetividade por outros territórios da alma pode esperar que sua consciência mergulhe na Consciência Cósmica. Se você não conseguir atrair corações humanos, não atrairá o Coração Cósmico.

A Importância do Ambiente

O ambiente e as companhias são de capital importância. O ambiente externo, em conjunção com o interno – as ideias e os hábitos –, controla nossa vida, moldando gostos e comportamento. As perturbações ambientais ocorrem em virtude de nossos atos conscientes ou inconscientes do passado. Você deve culpar a si mesmo por isso, sem entretanto desenvolver um complexo de inferioridade. As provações não ocorrem para destruí-lo, mas para ensiná-lo a melhor apreciar Deus. Não é Ele que as envia – você próprio as fabrica. Tudo o que tem a fazer é resgatar sua consciência do abismo da ignorância.

Lembre-se de que Deus julga apenas o ambiente mental interior da pessoa. O indivíduo pode muito bem ser um pecador no coração e viver rodeado de santos; ou ser um santo e cercar-se de pecadores. Santos ou pecadores se fazem em grande parte pelos amigos que procuram. Se um pecador quiser reparar seus erros na companhia dos santos, terá todas as chances de mudar, ao passo que o homem espiritualizado, mas descuidoso, se deteriorará no convívio com gente perversa. Nosso ambiente mental se forma, desde a infância, pela reação ao ambiente exterior. Esse ambiente mental interior constituído de ideias e hábitos orienta nossas ações de maneira quase automática.

Segredo para um Ambiente Feliz

Se você deseja ser amado, comece por amar a quem necessita de seu amor. Se quer que os outros simpatizem com você, demonstre simpatia por aqueles que o cercam. Se lhe agrada o respeito de seus semelhantes, aprenda a respeitá-los a todos, jovens e idosos. Não se esqueça: o que quer que espere dos outros, faça-o antes a você – e eles responderão do modo como espera.

É fácil pretender que as pessoas se comportem para conosco de maneira perfeita e é igualmente fácil surpreender-lhes as faltas. Difícil, porém, é nos conduzirmos da maneira adequada, reconhecendo os próprios erros. Se você se lembrar sempre de agir corretamente, os outros procurarão seguir o seu exemplo. Se conseguir reconhecer suas deficiências sem alimentar nenhum complexo de inferioridade, empenhando-se em corrigi-las, usará seu tempo de maneira mais proveitosa do que se tentasse melhorar os outros. O bom exemplo é mais eficaz que a boa intenção, a cólera sagrada ou as palavras.

Quanto mais você evoluir, mais edificará aqueles que o cercam. Quanto mais feliz se tornar, mais felizes eles se sentirão.

Egoísmo: Bom e Mau

Que seu supremo objetivo seja fazer os outros mais felizes a fim de que você próprio possa gozar a felicidade. Nunca se gabe de estar agindo desprendidamente. Pense sempre que só faz as coisas para seu próprio prazer e que seu maior prazer é tornar os outros felizes. Você não conseguirá transmitir os princípios do altruísmo a ninguém antes de praticar, em sua própria vida, a generosidade "egoísta".

O que quer que faça lhe trará as consequências correspondentes. Se der o exemplo do egoísmo, as pessoas se mostrarão esgoístas para com você. A autopreservação é um instinto, mas Deus lhe deu memória, inteligência e imaginação para entender as dificuldades alheias. Encontre a felicidade ajudando todos quantos cruzarem o seu caminho.

Evite o mau egoísmo, que está na raiz de todos os problemas, individuais ou coletivos. Primeiro vieram os arcos e as flechas para proteger um egoísmo de outro egoísmo. Depois se inventaram as pistolas, as metralhadoras e agora os gases venenosos a fim de preservar o egoísmo de um grupo do egoísmo de outro grupo. Ainda haverá muito sofrimento antes de descobrirmos que o egoísmo coletivo é tão pernicioso quanto o individual.

Sua maior segurança reside na boa vontade para com o próximo. Se você estiver entronizado no coração de todos, essa será a maior das realezas. Quando, numa cidade, cem pessoas tentam espoliar-se umas às outras, cada qual tem 99 inimigos; mas quando procuram ajudar-se mutuamente, cada qual tem 99 amigos. Jesus entregou seu corpo para o bem de todos e, ainda assim, continua gozando a vida eterna. Dando tudo desprendidamente, zelou por seu próprio bem-estar espiritual.

A família mundial

Você deve se lembrar de que é parte da família mundial e não pode existir sem ela. Você deve se lembrar das necessidades dos outros ao refletir sobre as suas próprias. É errado pensar só em si mesmo, com exclusão dos demais. Uma nação se faz com pequenas comunidades e as pequenas comunidades se fazem com indivíduos. Mesmo que você tenha um inimigo, saiba que ele é seu próximo. Todos os homens são nossos irmãos, pois Deus é o nosso Pai e nós somos seus filhos.

Se você cuidar apenas das mãos e dos pés, esquecendo a cabeça, seu cérebro não o servirá adequadamente. Você tem de atender às necessidades do corpo inteiro. Da mesma forma os cérebros ou líderes das nações devem trabalhar em harmonia com as mãos e os pés, os operários da comunidade. Se nos dividirmos, criaremos apenas desordem e sofrimento.

Nós, na verdade, não possuímos nada. Teremos de partilhar as coisas, cedo ou tarde – por acidente, roubo, deterioração ou morte. Só dispomos do usufruto dos bens por determinado prazo. Quando algo nos é concedido, devemos entender que será por pouco tempo. Não convém nos apegarmos a nada. Dia virá em que seus entes queridos lhe serão arrebatados. Foram-lhe entregues apenas para que você aprendesse a sacrificar-se pelos outros e a dividir tudo com eles.

O verdadeiro Eu é a manifestação do Espírito interior. Tudo o que você fizer pelo Eu pode ser chamado de "egoísmo". O bom egoísmo consiste em atos pelos quais a imagem pura do Eu interior se materializa. O mau egoísmo é aquilo que você faz em proveito do ego, indo assim contra os verdadeiros interesses do Eu.

"Ama a Deus de todo o teu coração" e "Ama ao teu próximo como a ti mesmo". Se seguir esses dois mandamentos, não precisará de nenhum outro.

Como Transformar Inimigos em Amigos

Ame aqueles que não o amam. Sinta por aqueles que nada sentem por você. Seja generoso com as pessoas que só se mostram generosas consigo mesmas. Se você odiar seu inimigo, nenhum dos dois reparará na beleza inerente à sua alma.

Você não precisa bajular seu inimigo. Ame-o em silêncio. Em silêncio, sirva-o sempre que ele necessitar, pois o amor é real apenas quando tem utilidade e se expressa na ação. Assim, você rasgará os véus do ódio e da estreiteza mental que o impedem de ver Deus.

Se a humildade e os pedidos de desculpas estimulam em seu inimigo as boas qualidades, desculpe-se sempre. A pessoa que age assim alcançou um desenvolvimento espiritual definitivo, pois é preciso caráter para desculpar-se com graça e sinceridade. É a consciência da própria insignificância que leva o homem a ocultar-se por trás de uma exibição de orgulho. Você não deve, porém, encorajar uma pessoa a agir mal mostrando-se excessivamente humilde e apresentando desculpas a toda hora. Leve em conta a realidade dessa pessoa. Seja prático em seu idealismo.

Como encontrar amigos de encarnações passadas

Há pessoas com quem você convive diariamente, mas pelas quais não sente nenhuma simpatia. Aprenda a amá-las e adapte-se a elas. E há outras que lhe despertam instantaneamente a sensação de um conhecimento antigo. Isso indica que são suas amigas de outras encarnações. Não as negligencie; estreite a amizade que já existe entre vocês. Preste bastante atenção a elas, pois sua mente irrequieta pode não reconhecê-las de imediato. Às vezes estão bem próximas de você, atraídas pelo afeto nascido num passado remoto. Constituem sua brilhante coleção de joias espirituais, que deve ir aumentando sempre. Nessas galáxias refulgentes da alma, contemplará o Grande Amigo sorrindo para você radiante e luminoso. É Deus quem lhe aparece sob o aspecto de um amigo nobre e fiel, a fim de inspirá-lo, servi-lo e orientá-lo.

A má disposição e o egoísmo afastam todos os amigos de encarnações passadas; mas a afetividade os atrai. Portanto, esteja sempre disposto a ir ao encontro deles. Não se preocupe se um ou outro se mostrar falso e decepcioná-lo.

Toda pessoa tem seu próprio padrão de beleza física e mental. O que parece feio para uma é bonito para outra. Observando uma grande multidão, você logo gosta de alguns rostos; outros não o atraem particularmente. A atração mental instantânea pelos traços interiores e exteriores que agradam num indivíduo é o primeiro sinal de que você encontrou um amigo do passado. Os entes queridos que você amou outrora serão atraídos por um senso de amizade anterior ao nascimento.

Não se deixe levar pela beleza física; pergunte a si mesmo se o rosto, a maneira de andar – em suma, a pessoa como um todo – lhe provocam simpatia. Muitas vezes, a gula e a falta de exercícios distorcem os traços de um amigo, que assim deixa de ser reconhecido. E muitas vezes uma bela mulher se apaixona por um homem feio ou vice-versa, devido à afetuosa amizade de uma encarnação passada.

Para ter certeza de que seus olhos não lhe pregaram uma peça com relação às características físicas de um suposto amigo do passado, certifique-se de que vocês sejam mental e espiritualmente semelhantes. Mergulhe fundo na mente da pessoa e não alimente preconceitos por causa de detalhes ínfimos, pois só assim descobrirá se seus gostos e inclinações são compatíveis. Procure amigos de encarnações passadas para reatar os laços afetivos nesta existência e transformá-los em Amizade Divina. Nem sempre uma vida só basta para alcançar tamanha perfeição.

Quando você avistar, reunidas sob o dossel de uma perfeita amizade universal, almas do presente, do passado e do futuro, as constelações, as aves noturnas, as pedras silenciosas e as praias ensolaradas, então a sede de amizade do seu coração será saciada para sempre. Ao mesmo tempo, a criação divina soará a melodia libertadora da amizade celestial, que apaga todas as diferenças. E o Amigo Divino se rejubilará ao vê-lo de volta ao lar após sua peregrinação evolutiva pelos caminhos das encarnações. Por fim, Ele e você se fundirão na bem-aventurança da amizade eterna.

Pai Celestial! Venham para nós aqueles que nos pertencem e neles encontremos a amizade universal para finalmente alcançar-Te!

Estenda o seu Amor a Todos

Parentes são aquelas pessoas que julgamos pertencer-nos. Amá-los nos ensina a expandir a consciência e a querer a todos como se fossem da nossa família. De fato, parentes e estranhos são igualmente filhos de Deus. Se você limitar seu amor aos familiares próximos, sua consciência crística não irá além disso. Se você amar seus vizinhos como se fossem sua família ampliada, expressará mais consciência de Cristo. Mas se sentir por todas as pessoas o amor que sente por seus próprios entes queridos, então estará exprimindo a consciência de Cristo plenamente.

Sempre que houver um coração solitário ou um irmão sofredor à beira do caminho e você se aproximar dessa alma, expandirá sua consciência no rumo da verdadeira e infinita Consciência de Cristo.

Meu Mestre [Sri Yukteswar] certa vez me perguntou: "Você gosta das pessoas?" Respondi: "Não. Gosto só de Deus".

"Isso não basta", ponderou ele.

Mais tarde, me perguntou de novo: "Você gosta das pessoas?"

Dessa vez sorri beatificamente e disse: "Nada de perguntas". Ele percebeu então que meu amor agora era vasto demais para ser discutido. Sorriu também.

Amor Abnegado

Quando somos uno com o Infinito, não temos consciência de nós mesmos como egos; sabemos apenas que a onda da vida não pode irromper e dançar sem o oceano por trás dela. Se você se apegar demais às coisas do mundo, esquecerá Deus. É por isso que Ele nos faz perdê-las – não para nos punir, mas para averiguar se amamos mais a insignificância que o Ilimitado.

A fim de evoluir espiritualmente, você precisa primeiro acompanhar o espírito do Cristo universal. Não significa que tenha de ser crucificado para se tornar outro Cristo! Mas deve, em certo sentido, crucificar todos os desejos vãos. Algumas pessoas buscam os dons de Deus, mas os sábios buscam apenas Deus, o Propiciador de todos os dons. Você pode tentar agradar às pessoas – que, no entanto, logo o esquecerão. Talvez erijam uma estátua em sua homenagem, mas poucas olharão para ela e se lembrarão de suas boas ações.

A sociabilidade deve ser aprimorada, o que não quer dizer que você precise conhecer a todos pessoalmente. Convide o mundo inteiro para seu coração. A consciência de Cristo a tudo abrange com seu amor. Essa consciência nasceu no corpo de Jesus e no de outros grandes mestres. Até que você a alcance, não julgue ninguém. Graças a ela, seu julgamento deverá ser sempre delicado, não passando na verdade de uma avaliação.

O apelo da amizade

Deus vive e respira em todos nós. Temos nacionalidade americana ou outra qualquer durante algum tempo – mas somos filhos de Deus para sempre. A alma não pode ser confinada a limites impostos pelo homem. Sua nacionalidade é o Espírito. Sua pátria é a Onipresença.

Primeiro, ame a sua família como ama a si mesmo. O maior dos impulsos é amar unicamente o próprio ego; mas, tão logo consiga amar a outrem tanto quanto a você mesmo, ou mais, terá evoluído muito espiritualmente. À medida que amar a si mesmo mais que ao próximo, nessa medida estará abismado no próprio ego.

Se quiser evoluir, terá de passar por três etapas: gostar da família mais que de você mesmo, da pátria tanto quanto da família e do mundo tanto quanto da pátria.

Sendo fiel a si próprio e um bom amigo para os outros, você ganhará a amizade de Deus. Se não os tratar amigavelmente, desobedecerá à lei divina da autoexpansão, o único caminho para o Espírito. Quem não inspira confiança a outros corações, quem é incapaz de dilatar o império do amor e da amizade para outros territórios da alma não fundirá sua consciência com a Consciência Cósmica.

A amizade une almas tão completamente que elas passam a refletir a unidade do Espírito e seus aspectos divinos. Quando a amizade divina reina inconteste no templo do coração, a alma se dilui na vasta Alma Cósmica, deixando para trás os vínculos limitadores que a separavam da criação animada e inanimada de Deus.

Meditação sobre a Expansão do Amor

Diga a si mesmo: "O império do meu amor tem de expandir-se. Amei meu corpo mais que a qualquer outra coisa. Por isso me identifiquei com ele e fiquei por ele limitado. O amor que tenho por este corpo será estendido a todos quantos me amem. O amor expandido daqueles que me amam será por mim votado àqueles que são meus. O amor a mim mesmo e o amor aos que são meus pertencerão aos estranhos. De todo o coração amarei os que me detestam tanto quanto os que me amam. Banharei todas as almas em meu afeto desprendido. No mar do meu amor nadarão meus familiares, meus compatriotas, todas as nações, todas as criaturas. A criação inteira, as miríades de pequeninos seres vivos dançarão nas ondas do meu amor!"

Capítulo 4

Matrimônio Espiritual e Vida Familiar

Como contrair um matrimônio espiritual

Como Escolher o Cônjuge para Toda a Vida

Ao escolher o cônjuge, você deve entender os impulsos que determinam a escolha. Você está sujeito às seguintes influências:

- Atração física
- Atração estética
- Afinidade mental
- Similaridade de vocação
- Inclinações morais
- Afinidade de ideais
- Simpatia emocional
- Interesse material
- Atração pela posição social
- Apelo da alma

Muitos casais jovens se casam porque têm alguns traços mentais similares. A unidade mental *é* um dos indicativos de bom entendimento no matrimônio, mas não basta. Ela pode se desgastar caso não haja unidade interior.

Um jovem diz: "Eu a amo porque ela gosta de futebol como eu. Eu a amo porque ela gosta de fumar, beber e comer como eu. Eu a amo porque ela gosta de cinema e histórias policiais como eu".

Outro diz: "Eu a amo porque ela gosta de música, poesia e negócios como eu".

Alguns casais se casam porque estão no mesmo ramo de trabalho. Ele diz: "Sou ator de cinema. Eu a amo porque ela é atriz".

Nos tempos modernos, é extremamente importante que você tenha um parceiro interessado em seus negócios. Médicos e advogados não devem se casar com pessoas possessivas, que costumam ter ciúmes de seus pacientes e clientes.

Homens geniosos não devem se casar com mulheres muito inteligentes, por causa das brigas que podem surgir. Ele talvez sinta inveja de uma superioridade qualquer que porventura encontre na esposa.

Alguns homens preferem esposas bonitas, obedientes, ignorantes e encantadoramente jovens. Casais mais jovens costumam contrair matrimônio atraídos pela boa aparência, mas muitos que se casam somente pela beleza logo se separam. O encanto físico, quando não secundado por belas qualidades morais, é a primeira coisa a entediar. Passado o entusiasmo pela beleza, o rosto mais bonito começa a parecer feio.

Muitas vezes, as pessoas têm o que não querem ou não querem o que têm. Sem dúvida, a beleza ocupa lugar de destaque no projeto de vida; todavia, vale mais a beleza mental que a física. Almas trajadas de pureza, enfeitadas de palavras doces, vestidas de sabedoria e afeitas a um amor eterno, incondicional, exercem uma atração magnética duradoura em seus parceiros.

Nunca se case por dinheiro ou posição social

Alguns homens decidem casar-se com viúvas ricas e algumas mulheres preferem solteiros endinheirados. Mas o casamento por interesse não dura muito e geralmente termina pela acusação: "Você só queria meu dinheiro!" Quem quer dinheiro que trabalhe para ganhá-lo; não vá tentar ficar rico rapidamente por meio do casamento. Há muita humilhação à espera daquele que desposa uma mulher de olho em sua fortuna. Uma senhora diz: "Sim, casei-me com um homem rico, mas ele é o pior dos maridos. Ele bate em mim sempre que gasto dinheiro até nas coisas essenciais".

Muita gente se casa para obter prestígio. Não tente subir na escala social pelo casamento. Ganhe dinheiro e fama com seu próprio esforço e adquirirá automaticamente proeminência na sociedade. Não procure ficar famoso à sombra da fama alheia.

Não se case sob o domínio da emoção

Alguns casais jovens se uniram porque gostam de fazer as coisas em estado de excitação. Aceitam casamentos meteóricos e divórcios meteóricos. Muitos se casam para ter a emoção de saborear o fruto proibido. Uma rica garota americana fugiu com o motorista da família e, quando a excitação de desafiar a vontade do pai se acalmou, fugiu do marido – logo depois da lua de mel!

Dois casais me pediram certa vez que os unisse em matrimônio enquanto os cinco descêssemos de paraquedas de uma altura de cinco mil metros! Recusei a oferta. Eles só queriam se casar por causa da emoção da publicidade. Teriam se separado logo depois que a imprensa os esquecesse e a excitação passasse. Perguntei-lhes: "Mas para que tanta despesa?" Resposta: "Oh, pagaremos qualquer quantia pela aventura e uma manchete!"

O segundo motivo pelo qual eu não quis realizar essa bizarra cerimônia de casamento em pleno ar foi, conforme lhes expliquei: "Se os paraquedas não se abrirem, terei de casar quatro esqueletos desconjuntados no céu". Garotos e garotas de colégio em geral gostam de casar-se sob a influência desse tipo de excitação.

O gosto por prazeres sensuais

O devoto, tentando mergulhar fundo na felicidade da alma, às vezes se vê de súbito possuído pela vontade subconsciente de gozar os prazeres dos sentidos. Então, todas as esperanças áureas da felicidade eterna, sugeridas pela sabedoria interior, parecem-lhe vazias e inúteis. Pensa: "Se tiver de renunciar agora à felicidade terrena, tangível, não valerá a pena obter mais nada, por mais bela que seja a promessa de bem-aventurança futura".

O devoto, já bastante atraído pelos gozos sensuais, começa a refletir: "Preferiria não estar armado de autocontrole e força de vontade para resistir ao erro, permitindo que minha felicidade espiritual fosse derrotada pelas armas da tentação, do que assistir a uma batalha devastadora entre meu tirocínio e meu prazer".

Nenhum devoto deve se entregar a esse raciocínio falso. Nunca tente iludir sua alma alegando o medo de trocar gozos inferiores, mas palpáveis, por bem-aventuranças superiores, mas remotas. O devoto, longe de desesperar-se, deveria se sentir contente por esquecer os prazeres carnais mesquinhos em prol da felicidade eterna da alma.

Portanto, diga simplesmente: "Não!" sem explicar os motivos da resistência à tentação. Decerto você já raciocinou o bastante para persuadir sua mente *consciente* de que a alegria da alma é superior ao prazer da carne. Agora terá de se haver, isto sim, com sua mente *subconsciente*. Seja afirmativo. A razão, aqui, é inútil.

Pense seriamente antes de decidir casar-se. E não se case antes de ter certeza de que o casamento vai durar. Os jovens não devem beijar-se nem tocar-se caso ainda não estejam seguros de sua unidade no nível anímico. Muitos se apaixonam e se casam quando estão cegos pela atração física. Depois, esfumada a névoa da paixão, descobrem a verdadeira natureza do parceiro e podem decepcionar-se. Então, como petecas desnorteadas, voam para os tribunais de divórcio.

Quando maridos e mulheres perdem o respeito mútuo por causa da deterioração de seus padrões morais, o amor desaparece. Mas se os jovens aprimorarem cada vez mais sua ética após o casamento, permanecerão juntos em consequência do esforço de juntos desenvolverem seus padrões morais.

Muitas pessoas se casam porque alimentam ideais elevados e esperam, juntas, pregar, ensinar e inspirar seus semelhantes. Não raro, quando a mulher é mais respeitada pelos seguidores, o marido se torna ciumento. Pode ocorrer o mesmo com a mulher.

Maridos e esposas devem fomentar juntos seu amor pelos ideais verdadeiros, pois assim os sentimentos de ambos se intensificarão continuamente até transformar-se numa única chama divina. Se o marido banalizar seu idealismo diante dos olhos idealistas da esposa, não mais terá o amor dela. Quando o idealismo é a fonte do amor, este secará se ela estancar. Casais que vão se tornando cada vez mais idealistas em casa, na sociedade e no mundo descobrem que seu amor aumenta e muda até identificar-se com o amor idealista de Deus.

Busque a unidade perfeita

Os jovens devem recorrer a consultores espirituais capacitados antes de casar-se e só devem casar-se após a experiência de um namoro longo. Mas, primeiro que tudo, têm de descobrir se sua unidade está no nível da alma.

O verdadeiro casamento no nível da alma pressupõe um afeto mútuo inato, que não morre, e incondicional, sentido à primeira vista, mas que pode resultar também de um namoro ou companheirismo divino prolongado. Na união da alma, o amor incondicional entre os cônjuges se torna cada vez mais profundo.

Existe uma afinidade supranatural entre as almas apaixonadas. Assim como as correntes elétricas positiva e negativa se juntam para acender uma lâmpada, assim uma alma positiva e uma alma negativa (receptiva) se fundem na luz do amor que nunca deixa de crescer. O amor da alma deve substituir o amor da carne. A harmonia anímica é a energia motora do casamento.

O verdadeiro casamento é só para as pessoas que buscam o amor divino em sua expressão humana. Isso é raro, pois quase todas as uniões são precedidas apenas por um amor exíguo, no qual predomina a paixão. Nesses casos, o sexo toma o lugar do afeto; e o verdadeiro amor, que é incondicional, logo se esgueira do coração. Por outro lado, quando o afeto aumenta e a consciência física diminui, o amor humano progride para o amor divino. Desse modo, as duas almas compreendem que não se amavam como corpos, mas amavam unicamente a Deus por meio da ilusão exterior do afeto humano.

O amor humano, no casamento, só dura se seu propósito for exprimir o amor divino. Sem o amor divino, os casais não conseguem conviver nem respeitar-se – e o casamento naufraga. Sensualidade, inteligência, beleza, fortuna, cultura ou magnetismo pessoal não conseguem manter juntas duas almas. Todos os homens e todas as mulheres procuram o amor perfeito no cônjuge, mas esse amor não alcança a plenitude até o amor divino exprimir-se em ação, motivação e projetos de vida.

O poder do magnetismo

O magnetismo é uma força de atração, sustentação e expansão. O poder magnético é uma qualidade do Espírito. Ouvimos sempre alguém dizer: "Oh, encontrei um amigo tão 'magnético' que me inspirou e expandiu minha consciência". É essa força que todos desejamos possuir. Ela expande a consciência, ao contrário do magnetismo animal, que apenas a entorpece.

Toda mãe deveria ensinar a filha a atrair os outros unicamente pelo magnetismo espiritual e a revestir-se das qualidades magnéticas autênticas da sensatez, da compreensão, da solicitude, da presença de espírito, da cultura sólida e da eficiência em geral. O magnetismo espiritual atrai almas espiritualizadas.

Quando o casamento é desnecessário

Melhor que o casamento ou a tentativa ineficaz de unir almas incompatíveis é a unidade entre uma alma e Deus. Quanto mais nos permitimos o gozo da matéria, mais nossa alma expressa desarmonia e infelicidade. Mas quando a alma sedenta de amor, de alegria e de realização completa se volta para o Deus perfeito, amoroso e abençoado, resulta daí um verdadeiro matrimônio espiritual. Deus é o Noivo e todas as almas são suas noivas.

O casamento é desnecessário para aqueles que se inebriam com a duradoura bem-aventurança divina. Por isso Jesus, São Francisco, Swami Shankara e Babaji eram solteiros. Eles encontraram o amor perfeito, a felicidade perfeita e a companhia perfeita no Deus completo e perfeito – por isso, não precisaram se casar.

O casamento é um recurso ilusório para encontrar Deus. Ao luar, sob a influência da paixão e da emoção, os casais se prometem amor eterno. Quando morrem, a lua sorri de seus crânios espalhados pela terra. Ela sorri ao lembrar-se de suas promessas não cumpridas, feitas na embriaguez da emoção.

Deus é o único que cumpre Sua promessa de nos amar eternamente. Portanto, a união da alma com o Amado Cósmico deve ser a meta suprema de todas as almas. A união com Deus trará amor perfeito e realização plena, eterna, livre das decepções que rondam os projetos menores.

Como evitar equívocos

A maneira espiritual de escolher o cônjuge certo é afirmar com ênfase, depois da meditação: "Pai Celestial, abençoa-me para que eu escolha o companheiro de minha vida segundo Tua lei da perfeita união das almas".

Se você praticar essa afirmação durante seis meses com fé absoluta, encontrará o cônjuge ideal – ou Deus criará de súbito circunstâncias desfavoráveis que impedirão de vez um mau casamento.

Leis Ideais da Vida Conjugal

As pessoas que planejam casar-se devem averiguar honestamente se suas naturezas se harmonizam ou não e se seu amor conseguirá sobreviver a quaisquer condições em quaisquer circunstâncias sociais. Devem descobrir se seu amor se baseia numa cooperação real em torno de um ideal comum. Procure um parceiro que esteja em sintonia com seus princípios éticos, hábitos hereditários e atuais, objetivos financeiros, gostos, tendências e aspirações místicas.

Antes do casamento, ponha o futuro cônjuge a par de seus negócios e de sua vida social, informalmente, e descubra se ele é capaz de adaptar-se a seus hábitos e ideais. Do mesmo modo, determine se você mesmo poderá aceitar as ambições, temperamento e ideais do parceiro.

O grande segredo para preservar o matrimônio reside na arte do autocontrole. Aprenda a amar seu cônjuge mais no plano espiritual e trate-o como um amigo íntimo, sem insistir exageradamente no plano físico. Se puder fazer isso, vencerá a maior das batalhas: manter seu cônjuge fiel, respeitoso e afetuoso. De quando em quando, una-se fisicamente a ele e considere esse acontecimento um privilégio; sinta como se o estivesse encontrando após muito tempo de separação. Que os dois se unam por inteiro, atentos e corteses. Quando a dedicação começa a arrefecer, é tempo de parar.

Plano de comportamento para o marido

As regras seguintes devem ser seguidas pelo marido ideal, que deseja manter sua esposa fiel e amorosa:

- Não permaneça o tempo todo no mesmo recinto com sua esposa.
- Não desrespeite a liberdade de sua esposa.
- Não perturbe sua mulher quando ela estiver ocupada com tarefas importantes ou entretendo amigos.
- Durma, se possível, em outro quarto.
- Jamais insulte sua esposa ou seja sarcástico com ela.
- Não discuta com sua esposa o tempo todo, especialmente diante de estranhos.
- Saia frequentemente com ela sozinho, bem como com os seus filhos; fale-lhes sobre literatura, música e verdades espirituais superiores.
- Transforme o convívio com sua esposa numa experiência diária de progresso material, mental e espiritual constante.

• Sua experiência conjugal deve ter como meta o aumento da felicidade.

• Mantenha um corpo de atleta; coma de preferência vegetais crus e deixe sua esposa longe da cozinha o máximo possível.

• Simplifique sua vida doméstica e aprofunde sua vida espiritual.

• Nunca minta para sua esposa.

• Nunca fale mal dos pais dela.

• Leia com ela livros edificantes e literatura de fundo moral.

• Jamais empregue linguagem rude; seja sempre educado.

• Mostre-se sempre cavalheiro para com sua esposa, dirigindo-se a ela cortesmente, com respeito e atenção, e agradecendo-lhe o mínimo gesto de delicadeza.

• Não se esqueça do aniversário dela e do aniversário de seu casamento. Dê-lhe com frequência presentes de que ela necessita, mas nem sempre os que apenas se prestem ao luxo.

• Não seja exageradamente ciumento e não torne a vida de sua esposa um inferno com seu mau humor. Só com o afeto – e com mais nada – você conseguirá atrair-lhe a atenção.

• Não aja como se fosse dono de sua esposa. Faça-a sentir que ficará contente com o que ela lhe der de coração.

• Conceda-lhe toda a liberdade para escolher suas amigas. Respeite e, se possível, aprecie essas amigas.

• Viva uma vida simples, pouco dispendiosa, e inspire-a a agir da mesma maneira. Economize; não jogue dinheiro fora com luxos desnecessários.

• Medite com sua esposa de manhã e à noite – especialmente à noite.

• Leia com ela a Bíblia e/ou outros livros religiosos.

• Juntos, reverenciem Deus cantando ou recitando salmos.

• Monte um altar doméstico onde você, sua esposa e seus filhos orem a Deus pedindo que as almas de todos permaneçam unidas para sempre numa abençoada consciência cósmica.

Plano de comportamento para a esposa

Além de colaborar com o marido da maneira descrita acima, ela deve seguir também estas instruções:

• Tente deixá-lo sempre à vontade.

• Tente induzi-lo ao autocontrole com mostras de carinho e conviva com ele num plano moral elevado, aprendido em estudos espirituais.

• Quanto mais meditar com ele, mais ele gostará de você.

• Conquiste-o pelo exemplo. Não use a força nem a linguagem rude. Atraia-o com a imagem de uma vida ideal.

• Mantenha-se sempre bela e bem-vestida – como estava quando o conheceu.

• Jamais fale mal dele para suas amigas. Não o ridicularize nem lhe ponha defeitos, principalmente diante dos filhos ou sequer na intimidade.

• Ensine-o apenas por meio do silêncio e do amor. Nunca se dirija a ele com sarcasmo.

• Mantenha-o ocupado em casa. Leia, escreva, cante ou medite com ele.

• Seja cada vez mais útil e interessante para ele.

• Sirva-lhe os alimentos certos: mais vegetais crus, menos massas e doces. A comida tem muito a ver com a felicidade conjugal.

• Se seu marido se desencaminhar moralmente, não o censure nem o agrida com palavras ásperas. Caso saiba de sua fraqueza, não colabore com ele no plano físico até que se corrija. Dê-lhe carinho e atenção, corrigindo-o pelo amor.

• Afirme todos os dias, após a meditação: "Pai, mantém a mim e a meu esposo unidos no corpo, na mente e na alma. Que nossa felicidade aumente sempre graças à Tua lei perfeita".

Desse modo, a boa esposa e o bom marido experimentarão mais unidade e afeto nos planos mental e espiritual, e menos no plano físico. Por fim, se emanciparão em Deus. Nele, suas almas permanecerão atadas pelos laços da alegria cada vez mais intensa e nunca se separarão. Encontrando Deus mentalmente em suas almas, serão um só com Ele.

Dificuldades no Casamento

O casamento é a lei que a Natureza estabeleceu para a procriação não apenas no plano físico, mas também nos planos mental, intelectual e espiritual. Sem ter sempre em mente o propósito maior do matrimônio, um casal jamais pode encontrar a felicidade. Intimidade excessiva, grosseria, sexo desenfreado, suspeitas, agressões, brigas diante de filhos ou convidados, extravagâncias e mania de descarregar a cólera e os problemas nos ombros do cônjuge – tudo isso deve ser posto de lado. Lembre-se: o verdadeiro casamento é um laboratório no qual os venenos do egoísmo, do mau humor e do mau comportamento devem ser vertidos no tubo de ensaio da paciência e neutralizados pela força do amor e do bom comportamento constante.

Já se disse que o homem deseja a mulher até estar seguro de sua posse. Uma mulher perguntou ao marido indiferente: "Meu bem, por que antes do casamento você me dava doces e flores, cobrindo-me de atenção, e agora não me dá nada?"

O marido, de charuto na boca, olhou-a friamente e replicou: "Mas que diabo, você não sabe?! Quem é tolo o bastante para alimentar o peixe depois de fisgá-lo?"

Essa é uma péssima filosofia, pois o marido indiferente apaga a chama do amor da esposa e a esposa desatenta deixa o marido insensível. A cortesia no lembrar aniversários e outras datas importantes, bem como no evocar reminiscências afetuosas, deve persistir pela vida inteira. Uma flor tingida de carinho ou uma palavra com aroma de delicadeza podem fazer muito para curar antigas feridas. Diante dos filhos e do cônjuge, exiba seu melhor traje de ternura e atitude correta. Pratique a cortesia em casa e conquistará a todos lá fora com sua aura magnética de cavalheirismo.

Ciúme no casamento

O ciúme no casamento é extremamente pernicioso. Ninguém deve desposar uma pessoa que possa vir a atormentá-lo com um ciúme doentio – sobretudo se for médico, clérigo, advogado ou outro profissional qualquer que trate com o público. Um cônjuge ciumento ocupa-se mais de suas apreensões imaginárias do que do sucesso profissional ou do equilíbrio psicológico do parceiro. Quem tem ciúme só ama a si mesmo. O ciúme destrói as raízes do amor verdadeiro.

Mesmo que você sinta ciúme de seu parceiro, não o revele nunca. Não há nada de errado em procurarmos, movidos por um ciúme razoável, defender nossa companheira ou companheiro das armadilhas de gente insidiosa; mas quando esse sentimento nos faz perder o controle, convertendo-nos em autênticos demônios enfurecidos, devemos tentar sufocar essa tendência, insuflada pelas artimanhas psicológicas de Satã.

Se você tem ciúme porque seu cônjuge ocasionalmente explora a simpatia de outras pessoas, advirta-o com discrição. Se ele não ouvir, não insista. Evite ser possessivo, irritadiço, exigente. Todos temos livre-arbítrio – até para errar. Mas se você acha que seu cônjuge é um bom cabide para dependurar sua vida, então vista seu melhor traje de comportamento. Medite mais; seja mais carinhoso, mais alegre, mais clemente, mais compreensivo, mais magnético para com seu parceiro. Não use a força física para chamar a atenção dele, prefira a força espiritual superior, que só oferece afeto.

Mesmo que seu amor seja rejeitado, não se mostre violento. "Mate" o ente querido com a ternura! Deixe que ele o abandone (se for preciso) sem raiva e mesmo lamentando fazê-lo, em vez de forçá-lo a correr para longe de sua presença irritante e ciumenta, como se fugisse de uma peste. Cônjuges que imaginavam amar-se outrora não devem nunca zombar de seus sentimentos odiando-se depois, sob a incitação do ciúme. Se sua experiência amorosa no casamento falhar, que ambos se despeçam num clima de gentileza e respeito, como convém a verdadeiros filhos de Deus.

Se o ciúme for incurável apesar da oferta de mais e mais cortesia, confiança, ternura e amor, então os cônjuges devem separar-se com amizade e compreensão mútua, dizendo um ao outro: "Tentamos de tudo, mas nosso casamento não deu certo. Separemo-nos".

O ciúme não é remédio para o ciúme. O amor é a melhor panaceia para esse sentimento malévolo, psicologicamente deletério. Se você odeia o ciúme nos outros e observa com desagrado os efeitos devastadores que provoca neles, então tente por todos os meios apagar em você mesmo a marca desse vírus psicológico, destruidor da paz.

Como curar a doença do ciúme

Se maridos e mulheres, em vez de treinar tiro ao alvo uns nos outros com os projéteis da linguagem colérica e da descortesia, procurassem entender-se com o encanto das palavras doces, que confortam a alma, trariam mais felicidade para a vida familiar. O mau comportamento piora com as brigas e as discussões.

O amor conjugal não dura quando carece de uma base espiritual. Se marido e esposa quiserem viver em harmonia e fraternidade, devem ser espiritualmente úteis um ao outro. Os recém-casados, quando ignoram que o verdadeiro amor se baseia no serviço mútuo magnânimo, logo se separam.

Mas quando duas almas combinam idealmente, seu amor se espiritualiza e mergulha na eternidade como o amor único de Deus.

O amor vence onde o ciúme fracassa inapelavelmente. Se o amor não conseguir salvar seu amor naufragado, não invoque o demônio do ciúme, que poderá ser a ruína do casal. Se sua esposa o trair e você lhe der adeus com um beijo terno, dizendo: "Volte quando melhorar", então talvez apenas uma alma se perca. Mas se matar ou condenar por qualquer outro modo sua esposa infiel e culpada, duas almas se perderão. Ela cometerá suicídio espiritual e você irá para o inferno. Vê como o ciúme é insensato? Ele mata aquilo mesmo que diz amar. Quem tem ciúme só ama a si próprio. Se você gosta verdadeiramente de uma mulher, não pode destruir o amor que ela lhe tem mandando-a para o túmulo com uma bala ou deixando que, no Além, ela o amaldiçoe por toda a eternidade.

Se o amor não conseguir prender o cônjuge, o ciúme também não conseguirá. Maridos e esposas convictos de impedir seus companheiros de errar só lhes aprisionam os corpos: as almas continuam chafurdando no lodo. O ciúme só alimenta a falsidade. O amor alimenta a confiança.

Deixe que o parceiro se regenere aos poucos, com seu conhecimento, em vez de continuar no erro, camuflado pelo véu da hipocrisia.

O Objetivo Superior do Casamento

Casamento espiritual significa união com Deus, com a alma e com o espírito. O matrimônio não é uma lei feita pelos homens. Quem a fez foi Deus. O homem abastardou o objetivo superior dessa instituição. Casamento é unidade nos planos físico, mental e espiritual. Se você atrair alguém com seu magnetismo espiritual, então terá encontrado seu parceiro no nível da alma.

O amor humano será um câncer em sua alma caso não se espiritualize. A menos que você seja espiritualizado e seu cônjuge também, vocês jamais gozarão a felicidade. O matrimônio espiritual pressupõe uma alma unida ao amor eterno de Deus. Sem Deus, o casamento fracassa. A finalidade dele é conhecer Deus e fundir-se com Deus. Infelizmente, essa verdade foi esquecida.

Se você construiu com uma pessoa uma amizade profunda, que nada pode abalar, uma amizade sem compulsão e que cresce constantemente, então encontrou o parceiro certo.

Na mulher, predomina o sentimento; no homem, a razão. Na vida conjugal, o homem e a mulher extraem um do outro a razão e o sentimento ocultos, tornando-se cada qual mais perfeito em si mesmo. O sentimento e a razão, tanto no homem quanto na mulher, devem ser equilibrados – como a maciez da flor e a rijeza do aço, que são ambas qualidades divinas.

O amor de Deus é maior que os amores combinados de todos os amantes que já amaram neste mundo. Se você aprender as formas superiores de meditação, conseguirá vivenciar o matrimônio verdadeiramente espiritual: a união com Deus, o mais belo dos sentimentos. Nunca se esqueça de que nenhum matrimônio conseguirá realizar seu propósito real a menos que, juntos, marido e mulher busquem primeiro a Deus. No casamento, também o amor cresce com o serviço mútuo entre os cônjuges. Quando ambos se auxiliam obedecendo à eterna inspiração divina, consagram um casamento verdadeiro, espiritual.

As pessoas que se elevam acima do plano físico e continuamente fortalecem o amor de suas almas realizam a união com Deus. Quando o afeto de duas pessoas queima como uma chama, apresenta as qualidades eternas do êxtase. O casamento vivido com base no autocontrole e na preparação espiritual intensa goza da liberdade plena.

Saibam homens e mulheres que o germe do Infinito está dentro deles. Se você não conseguir encontrar um autêntico companheiro de sua alma, não se case. Se encontrou Deus, não precisa de um enlace humano. É melhor permanecer solteiro do que casar-se mal. Transforme o amor conjugal em amor divino e reconduza sua consciência do plano do sexo para o plano do paraíso.

Você poderá unir sentimento e razão consagrando-se à humanidade. Tendo uma família maior, cabe-lhe o direito de não ter uma menor, mais limitada. O supremo dever na vida, para os que querem permanecer solteiros, é servir ao próximo.

Se você não tem seus próprios filhos, adote ou apadrinhe os filhos de outros, viva uma vida correta e instile neles qualidades espirituais. O que penetra na alma de uma criança ali permanece para sempre. Todas as coisas que você fizer para perpetuar sua vida, como obras criativas, são em certo sentido seus filhos. Assim, procure alcançar a verdadeira meta de sua vida.

Sexo: Uso correto da força criadora

Como Espiritualizar e Transmutar a Força Criadora

(O que se segue foi escrito com o propósito único de aprimorar o caráter moral e o autocontrole, a fim de restabelecer a harmonia entre cônjuges infelizes, evitar casamentos equivocados e prevenir divórcios.)

O impulso criador é um fato indiscutível. Trata-se de um dos instintos mais vigorosos e uma das forças mais irresistíveis que a Natureza implantou no corpo humano para garantir a propagação da espécie. Em silêncio, a Natureza se vinga daqueles que usam mal ou não levam a sério seu método sagrado de criação. A "Síndrome da Folha de Parreira" ou vergonha da sexualidade lança um véu profano sobre esse princípio de geração e já trouxe para a humanidade muito sofrimento moral e material. Seu propósito é duplo: sacralizar e manter os homens iludidos.

Dirigido para os nervos localizados no aparelho reprodutor, esse instinto não quer apenas gerar, mas também dar prazer físico. Seu mau uso mantém a pessoa acorrentada à matéria, arrastando-se na lama pegajosa dos sentidos.

No entanto, se esse instinto criativo for retirado da parte inferior da espinha e, ao longo desta, conduzido para o ponto localizado entre as sobrancelhas, começará a dar "frutos" de realização espiritual. As pessoas casadas, depois de ter um ou dois filhos, deveriam aprender a procriar em comunhão espiritual.

Os pais, caso desejem pôr no mundo um filho espiritualizado, precisam preparar suas mentes com meses de antecedência. No momento do encontro sexual, devem convidar uma alma nobre a entrar no templo do espermatozoide e do óvulo unidos. Durante o ato sexual, o pensamento se concentrará no ponto entre as sobrancelhas a fim de orientar o processo sagrado de criação e nunca fluir para baixo, onde se identificará com a luxúria.

Na vida conjugal, o adultério ocorre porque os dois parceiros vivem inteiramente no plano físico. Existências assim são punidas com o tédio, a antipatia mútua e a separação final. O adultério acontece porque os cônjuges convertem o meio da geração física num fim em si mesmo. O instinto sexual é a maneira que a Natureza encontrou para a reprodução e não deve ser transformado em brincadeira dos sentidos. Marido e mulher devem considerar seu enlace como uma união de natureza e espírito, sabedoria e sentimento. Eles se casaram, sobretudo, para realizar a união espiritual e só incidentalmente a união física.

Os casais mais velhos devem comungar apenas no plano espiritual, inebriados de puro afeto, e só satisfazer o desejo físico amando-se mentalmente. A razão matemática entre amor e indulgência física é: quanto maior o amor, menor o desejo sexual, e vice-versa. Marido e mulher devem sentir amor e não ceder ao impulso erótico quando se encontram – do contrário se abismarão no tédio, na antipatia, quando não no ódio e na ânsia de separar-se.

O marido deve ver sua esposa como um templo imaculado, erigido para gerar e educar novas almas. Esse templo tem de permanecer livre de quaisquer pensamentos impuros. A qualidade do estado mental dos pais durante a relação sexual é a força magnética que atrairá o tipo compatível de alma para o templo do corpo da mãe. Pensamentos concentrados na carne atraem almas sensuais.

As Escrituras Hindus ensinam que, na união do espermatozoide com o óvulo, uma corrente vital é gerada e funciona como uma porta por onde a alma penetrará. As almas boas não atravessam essa porta da vida se suas vibrações emanarem de paixões inferiores. Preferem esperar a renascer apressadamente num local indesejável. Maridos e esposas devem cooperar mental e espiritualmente, tanto quanto fisicamente, para atrair almas sagradas ao templo de células que estão prestes a gerar. As pessoas casadas invocarão, pois, almas boas para vir viver com elas.

Brincar com a paixão física é jogar fora as alegrias inefáveis da vida. A excitação passageira da união física não se compara à bem-aventurança de impelir esse impulso criador para o cérebro, onde gerará qualidades espirituais e intelectuais como amor, estima, paciência divina, simpatia, firmeza de ânimo, entusiasmo, calma e compreensão.

Na vida conjugal, o respeito e a tolerância para com as opiniões do parceiro levam à felicidade. As pessoas casadas não devem discutir diante de estranhos nem brigar por ninharias. E muito menos comentar seus problemas domésticos com os outros.

O amor não pode ser arrancado do parceiro, apenas recebido como um dom espontâneo. Ele prospera na tolerância, no perdão, na confiança – e se amesquinha no ciúme. Na intimidade cautelosa o Amor vive; na familiaridade excessiva, adormece.

Marido e mulher devem cultivar a lealdade mútua e tentar sempre, por todos os modos, fazer o parceiro feliz. A mulher espiritualizada não desamparará o marido materialista nem será desamparada pelo marido espiritualizado – um e outro tentarão, na medida do possível, influenciar-se e ajudar-se.

Como regular o impulso criador

O impulso criador é fruto da Natureza e, como tal, não pode ser colocado contra o homem. Pessoas incapazes de controlar a tremenda força natural de propagação da espécie são censuradas pela sociedade; mas a sociedade não lhes ensina o método de governar esse instinto que, bem ao contrário, as governa. Nem o estudo médico ou intelectual de toda uma vida conseguirá induzir o aluno a controlar esses instintos. Mas aqui vão alguns métodos práticos de autocontrole:

Coma pouca carne (ou nenhuma) e mais vegetais crus, frutas, nozes e substitutos adequados da proteína animal.

Compreenda que a força criadora pode ser usada de quatro maneiras:

- Pode-se dissipá-la no sexo, que provoca fraqueza física e mental, além de inúmeras doenças.
- Pode-se usá-la para a geração física de filhos.
- Pode-se usá-la para gerar "filhos" espirituais da sabedoria e do gênio, convertendo-a em poder mental pela sublimação e a transmutação. A pessoa ocupará sua mente em obras criativas como a arte, as invenções, os negócios ou a literatura – a que lhe parecer mais interessante. Desse modo, a energia criadora passa a fluir para o cérebro.
- Pode-se canalizá-la para os esportes ou os exercícios físicos vigorosos.

É possível dirigir a energia para cima, dos órgãos sexuais até a região da *medulla oblongata*, graças ao uso consciente da respiração. Concentre seu poder mental nos órgãos sexuais e inspire profunda e lentamente, imaginando que a respiração brota dessa área. Em seguida, sempre inspirando, redirecione para cima a energia vital que flui para baixo. Imagine o ar entrando a partir dos órgãos reprodutivos e depois subindo pela espinha até o ponto entre as sobrancelhas. Detenha ali a respiração e a mente, contando até 25 (ou mais), e imagine-se absorvendo todas as paixões enquanto despeja o jorro vital no reservatório de energia localizado na *medulla* e no ponto entre as sobrancelhas. A seguir, expire e relaxe, livrando-se dos mínimos vestígios de paixão.

Repita o exercício acima três vezes, de olhos fechados. Durante o relaxamento, procure sentir que o instinto físico foi completamente eliminado do seu corpo. Nessas ocasiões, não busque a solidão.

Esses são os ensinamentos das grandes escrituras da Índia.

Instruções para casados e solteiros

1. Procure sentir o poder intrínseco da mente sobre o corpo. A primeira coisa a fazer é eliminar os pensamentos físicos indesejáveis, direcionando-os para outros objetos que lhe atraiam a atenção.

2. O impulso criador indesejável deve ser regulado, primeiro psicologicamente, depois fisiologicamente. A pressão sobre ele deve vir de dentro e de fora.

3. Evite tudo quanto, por meio dos sentidos da visão, tato etc., possa despertar o apetite sexual.

4. Evite repisar e discutir assuntos indesejáveis. Permaneça indiferente quando alguém lhe contar uma piada suja. Jamais alimente seu instinto criador com pensamentos degradantes.

5. Procure compreender a fisiologia dos órgãos reprodutores estudando um livro de medicina para leigos.

6. Meninos e meninas, homens e mulheres devem interagir num clima de pureza e amizade, nunca de erotismo.

7. É melhor que os cônjuges só dancem um com o outro.

8. A moderação, temperada pela autodisciplina e o completo domínio sobre o impulso criador, aguça os poderes da percepção espiritual. Ela é, na verdade, a maior das virtudes. O casamento tem por objetivo a união espiritual das almas, não a libertinagem.

9. Os solteiros que nunca infringem a lei da castidade criam em si um poderoso magnetismo que atrairá a verdadeira alma gêmea, caso desejem casar-se. Os outros, em consequência da indisciplina do instinto sexual, atrairão os parceiros errados. O magnetismo espiritual, uma vez perdido num casamento infeliz ou numa vida de solteiro irresponsável, pode ser restaurado pela prática dos Exercícios de Energização* e pela meditação.

10. Os solteiros podem juntar espiritualmente a força criadora da natureza com a força anímica por meio do método certo de meditação, aplicado à vida física. Não precisam ter a experiência do casamento carnal caso saibam unir seu impulso físico feminino com a força anímica masculina que trazem em si.

Para escolher o cônjuge, os solteiros não devem confiar unicamente em suas inclinações, mas consultar os pais e, acima de tudo, pessoas sábias e intuitivas.

Como Atrair um Filho Espiritualizado

Um casal me comunicou que desejava ter um filho espiritualizado. Orei por eles e mostrei-lhes uma fotografia. Aquela alma, garanti,

* Yogananda elaborou uma série de exercícios chamados Exercícios de Energização para carregar conscientemente de energia o corpo. Para mais informações sobre esses exercícios entre em contato com a Self-Realization Fellowship – Centro de São Paulo www.srfsaopaulo.com.br

seria adequada para eles e estava pronta para renascer na Terra, conforme eu pressentia.

"Meditem nesta alma", disse-lhes. "Concentrem-se sobretudo nos olhos dela. Convidem-na para vir morar em sua casa. Além disso, não tenham relações sexuais por seis meses: a abstinência fortalecerá seu magnetismo espiritual.

Quando, no fim desse prazo, voltarem a se unir fisicamente, pensem na pessoa que estou lhes mostrando. Pensem também em Deus. Se seguirem meu conselho ao pé da letra, esta alma nascerá para vocês."

O casal fez tudo o que eu lhe recomendara e, algum tempo depois, aquela alma se materializou em sua família.

Concepção

A alma adentra o corpo no momento da concepção. Quando o espermatozoide e o óvulo se unem, um lampejo de luz risca o mundo astral. As almas que ali estão, se prontas para renascer, correm na direção da luz caso as vibrações desta se harmonizem com as suas. Às vezes duas ou mais chegam ao mesmo tempo e a mulher tem gêmeos, trigêmeos ou mesmo... bem, fiquemos por aqui!

É importante, pois, que uma consciência elevada presida à união física. O lampejo gerado no mundo astral reflete o estado de consciência dos cônjuges, principalmente no momento da relação sexual.

Pais e filhos

O Amor dos Pais e dos Filhos

Deus é o amor perfeito. A humanidade, criada à Sua imagem e semelhança, reflete esse amor. Os seres humanos se afastaram de Deus; mas mesmo aqueles que se tornaram materialistas continuam ligados a Ele por longos fios invisíveis, com os quais o Pai aos poucos os vai puxando de volta para a morada divina. Quando o homem é egoísta e perverso, tenta desprender-se de Deus. Quando ama de verdade e com pureza, segue sem mesmo perceber, amparado pela vontade subconsciente, o fio invisível do amor que o puxa para Deus. Embora o Pai haja enviado seus filhos mortais para longe de Si, ainda mantém abertas as portas do amor, para que um dia regressem ao lar da perfeição.

Deus previu que, abençoados com o dom divino do livre-arbítrio, Seus filhos fariam mau uso dessa liberdade. Insistiu, pois, em ser para eles um pai sapiente a fim de proteger aqueles que se mostrassem fracos e propensos ao erro. Não satisfeito em ser pai, tornou-se também mãe, cujo afeto incondicional pelos filhos pecadores poderia ajudá-los a volver ao lar pela larga avenida do amor desinteressado. Se tanto não bastasse, Deus se tornou também os filhos amorosos dos pais a fim de purificar seu amor conjugal e ampliá-lo para além dos limites do egoísmo. O amor divino se expande quando jorra de dois corações unidos até um terceiro coração, o do filho.

Isso não significa, é claro, que todos devam casar-se para transformar seu amor humano em amor divino. O amor humano pode ser transformado em amor divino de uma maneira superior, pelo "casamento" da alma com o Espírito no templo da meditação. A alma gosta de meditar, pois na meditação reside sua maior alegria: o contato com o Espírito inefável. Todas as pessoas que meditam devotamente conseguem por fim manifestar seu amor puro, divino.

O relacionamento entre pais e filhos

O relacionamento entre pais e filhos obedece a uma lei metafísica e inexorável de Deus, que é amor. Ele nos colocou em nossos corpos por meio do afeto de duas pessoas. Assim, apenas pelo amor poderemos encontrar o caminho de volta até Ele. O amor paterno e filial é o laboratório no qual o amor humano se transforma em amor perfeito. Deus se manifesta no amor conjugal e esse amor se purifica e se expande graças ao espírito de sacrifício pelo filho.

Se pais e filhos se lembrarem de que seu relacionamento não é acidental, mas obedece a um plano divino, então todos, por sua ternura mútua, engrandecerão o amor que reside em seus corações durante esta provação terrena. A dedicação recíproca é o altar no qual o amor de Deus se manifesta.

Pais e filhos não devem nutrir uma familiaridade excessiva. Seu relacionamento se baseará, não na força da autoridade, mas no afeto. Se encherem seus corações com agressividade, nunca aprenderão a amar Deus, que é amor. O amor verdadeiro, magnânimo, desenvolve-se no altar do amor paterno e filial. O eco do amor divino é silenciado quando palavras duras, indiferença, egoísmo ou desconfiança vibram no templo do corpo.

Responsabilidade dos pais e dos filhos

Os pais devem ver em cada filho um templo venerável no qual seu amor possa ser purificado e expandido a fim de refletir-se, com o tempo, no amor filial. Devem sentir que estão servindo a Deus nesses pequeninos santuários. Os filhos, também, devem considerar os pais como representantes visíveis de Deus na Terra.

Os pais nunca devem repreender os filhos na presença de estranhos. Se forem violentos ou indelicados com eles, por falta de autocontrole ou por mau hábito, seguramente impedirão Deus de expandir seu amor do coração paterno para o coração dos filhos. Os pais devem zelar para que, com sua severidade constante, não induzam os filhos à rebelião ou ao ressentimento. Cabe-lhes dar conselhos firmes, mas amáveis, aos filhos que erram; e também presenteá-los com o necessário, não com o supérfluo. Não escravize seus filhos às coisas materiais nem à ambição egoísta. Bons pais evitam corromper os filhos com muito dinheiro e muitos presentes.

O importante é que nunca nos apeguemos demais a alguém ou alguma coisa. A mãe deve aprender a dizer: "Meu filho, quando ficar adulto e partir, ou mesmo morrer, será tirado de mim para que Deus o glorifique. Sinto-me feliz por ele". Quando rompe o apego humano natural, a mãe passa a entender melhor o que é o amor. O apego não pode amparar esse amor. Ao contrário, arruína-o e é na verdade a fonte de muita desgraça. Sofre-se tanto pela perda de uma cabana quanto pela perda de um palácio.

Os filhos devem considerar o pai e a mãe como canais por onde o amor de Deus chega até eles. Os que desobedecem aos pais ou os desonram estão se rebelando contra esse fluxo de amor divino. Se você, como filho, é humilhado por seus pais diante dos outros, nem por isso se mostre desrespeitoso ou ressentido. Quando filhos e pais se atormentam mutuamente, agridem o Deus Todo-Poderoso sempre gentil que habita neles.

A importância do ambiente para a criança

O ambiente exterior, na infância, pode estimular ou sufocar o ambiente interior, instintivo. A pessoa já nasce com um ambiente mental, que pode ser animado e reforçado em sua influência caso o ambiente exterior lhe dê apoio. Se, no entanto, o ambiente exterior destoar do interior, a influência interna será com toda certeza suprimida. Uma criança instintivamente má pode, pois, por supressão de suas más inclinações, ser transformada se andar em boas companhias. O contrário também sucede: uma criança instintivamente boa às vezes tem sua bondade suprimida. Por outro lado, se andar em boas companhias, sua bondade aumentará. O ambiente exterior, em conjunção com o interior, por meio de hábitos antigos e novos, controla nossa vida atual, moldando nossos gostos e costumes.

As crianças podem exibir tendências muito boas ou muito más – o mais das vezes, um pouco boas ou um pouco más. Raras são as que nascem com essas tendências perfeitamente equilibradas: sempre há nelas uma porção menor de bem ou de mal. Uma Lei da Natureza prescreve que, se você for um pouco menos mau que bom, o mal em você será transformado pelo poder maior do bem. Se, no entanto, for um pouco menos bom que mau, o bem irá aos poucos sendo absorvido pelo número e a força maior de suas más tendências.

Pela reação ao ambiente exterior desde a infância, criamos nosso ambiente mental nesta vida. O ambiente mental – pensamentos e hábitos – guia nossas ações de maneira quase automática. Quando a criança vive rodeada de pessoas que detestam beber, desenvolve aversão ao álcool. Portanto, se algum dia tiver contato com alcoólatras, muito provavelmente não se deixará influenciar por eles.

Quaisquer que sejam suas qualidades hoje, permaneça sempre desperto e vigilante em pensamento, vontade, percepção e intuição, examinando os efeitos de cada ato. Seja como um bom fotógrafo, pronto o tempo todo para tirar fotos mentais de condutas exemplares e ignorar exemplos de mau comportamento. Sua maior felicidade consistirá em estar sempre disposto a aprender com a experiência e comportar-se de acordo com ela.

Minha Experiência com a Força de Vontade em Criança

A criança geralmente chora porque sente alguma necessidade física. A primeira expressão da vontade, fruto dessa condição física, é chamada "vontade fisiológica".

À medida que a criança cresce e é orientada pela vontade da mãe, passa a exprimir uma vontade "mecânica" ou "irracional", pois não depende ainda de si mesma.

Permitam-me contar-lhes uma experiência que tive quando era criança. Lembro-me de me encontrar no estado de vontade mecânica, fazendo sempre o que minha mãe pedia. Todos me consideravam um anjo. Certo dia levaram-me a uma farmácia, onde vi alguns docinhos alaranjados. Fiquei logo muito atraído por eles e supliquei à minha babá que me comprasse alguns. Ela se recusou e levou-me para casa; eu fiquei calado.

Jantei. Em seguida, disse a mamãe que queria doces. Ela retrucou: "Não, vá já para a cama". Pouco depois, insisti: "Mamãe, quero aqueles docinhos cor de laranja". "Vá dormir", foi a resposta. Então gritei bem alto: "Quero aqueles docinhos cor de laranja!" E assim continuei, indiferente à ordem de esquecer o caso. Mamãe finalmente teve de sair e até acordar o dono da farmácia para comprar os doces.

Fiquei feliz. Por quê? Porque, de repente, exercitei minha *própria* força de vontade. E aquela foi uma sensação maravilhosa.

No outro dia, é claro, fui chamado de "mau menino". Mas isso apenas porque fizera as coisas do meu jeito.

Senhores pais: não sufoquem a vontade de seus filhos negando-lhes sempre seus pedidos inconvenientes só porque eles são crianças. Quando eu desejava verdadeiramente algo que sabia não poder me fazer nenhum mal, os membros de minha família tinham de concordar. Sempre ouvia a razão e, quando estava errado, não me importava de ser corrigido.

Quando os filhos parecerem teimosos com respeito a algo que não é errado e pode até ser bom, não convém chamá-los de desobedientes. Não convém cercear-lhes a liberdade. Os pais devem ouvir seus pequenos desejos e dar-lhes conselhos com base no amor e na compreensão. Devem tentar convencê-los. Se eles não ouvirem, o melhor é calar-se. Deixemos que se saiam mal de vez em quando, pois assim aprenderão. E aprenderão mais depressa o que é certo.

Os pais teimam em impor sua vontade aos filhos. Por isso, quando criança, nunca gostei de orar. Não entendia a finalidade da oração. Todavia, quando compreendi que ela não se destinava a propiciar um Deus relutante, mas a oferecer-Lhe amor do fundo da alma, comecei a orar com fé, para todos em minha casa ouvirem. Dê liberdade a seus filhos pequenos e só lhes sugira, com carinho, o que pensar ser correto. Afinal, é importante que a força de vontade das crianças se desenvolva.

Procure não pedir a seu filho nada que não seja razoável.

"Honra Teu Pai e Tua Mãe"

Devemos honrar pai e mãe, mas não permanecer ligados a eles a ponto de, se nos pedirem para abandonar o caminho da renúncia ou da meditação mística, termos de obedecer-lhes e esquecer Deus. Este deve vir primeiro, antes de qualquer outra pessoa ou desejo. O compromisso com Deus na meditação precisa estar acima de tudo. De fato, ninguém pode ter outros compromissos na vida sem a energia e a força muscular ou mental emprestada por Deus.

Capítulo 5

Separação e Perda

O Véu da Atração Superficial

Dois namorados me procuraram em Phoenix porque queriam se casar "imediatamente". Ponderei-lhes: "Tenho de conhecer as pessoas a quem caso. Vou refletir sobre o seu pedido. Voltem amanhã, por favor". Ante a perspectiva desse adiamento, o rapaz ficou furioso.

Quando voltaram no dia seguinte, ele me pressionou: "Agora está tudo bem, não?"

"Não."

Ficou ainda mais enraivecido. "Vamos embora daqui, querida! Outra pessoa nos casará."

Já estavam na porta quando os adverti: "Lembrem-se de minhas palavras, vocês nunca serão felizes juntos. Descobrirão isso quando for tarde demais. Só uma coisa lhes peço, não se matem um ao outro!"

Casaram-se não sei onde. Logo depois vieram a Mt. Washington apenas para me mostrar quão felizes estavam. Eu não disse nada, mas pensei: "Vocês não sabem o que os espera!"

Seis meses depois, estavam de volta. Dessa vez se ajoelharam humildemente aos meus pés e confessaram: "Não percebemos que tínhamos naturezas incompatíveis. Se o senhor não nos tivesse advertido, sem dúvida teríamos nos matado um ao outro". Sob a influência da embriaguez emocional, eles não notaram a violência explosiva de suas naturezas e, portanto, de seu relacionamento.

As pessoas precisam aprender a olhar por trás do véu da atração superficial. Sem a harmonia da alma, não há amor verdadeiro.

Apego e Amor

O apego é uma espécie de sentimento cego que tortura a alma. Não leva a nada. Apego não é amor. O verdadeiro amor só se rejubila na felicidade do ente querido. Você diz que gosta de seu maravilhoso companheiro, fica feliz na companhia dele, insiste em ajudá-lo. Então, esse maravilhoso companheiro a abandona. Se, depois que ele se for, você o esquecer, você é insensível. Se, dia e noite, lamentar essa perda, é uma tola. Semelhante apego não fará bem nem a você nem a ele. Melhor então dizer que, algum dia, talvez você seja capaz de entender as razões do rompimento. Deseje-lhe felicidade e ore para que sua partida o beneficie. Qualquer que seja a vontade de Deus e qualquer coisa que for melhor para ele – esse deve ser o seu desejo.

Casamentos Difíceis e Divórcio

Se você já é casado, mas com a pessoa errada, tente tirar o melhor da situação. Se, por causa dos filhos ou outro bom motivo, resolveu preservar o casamento, procure superar suas próprias deficiências mentais e seja compreensivo. Caso consiga fazer isso, terá aprendido uma importante lição na arte do comportamento adequado e da maneira magnética de se dar bem com todos.

O homem que consegue controlar uma esposa irritadiça pela diplomacia, sem se tornar submisso, pode conquistar qualquer pessoa. A esposa que consegue refrear um marido infiel por meio de um amor constante, compreensivo e silencioso, demonstrando sempre ternura e firmeza, permanecerá alojada no castelo inexpugnável da felicidade íntima.

Se você ama seu marido, procure perdoar-lhe os deslizes, mesmo o da infidelidade, e dê-lhe tempo suficiente para que se cure das fraquezas com o bálsamo de seu afeto que nunca morre. Muitas esposas acrescentam pimenta às palavras cáusticas e à grosseria quando tratam com um marido que errou, mas que já está se arrependendo. Isso só provoca revolta. Não leve sua incompreensão ao ponto de ceder a explosões envenenadas pela cólera. Com um amor cada vez maior, procure mentalmente curar seu marido. Quando o homem está errado e sabe disso, não gosta que lhe repisem seu erro. Avesso a ser rotulado, ele se rebela.

Se você quiser conviver pacificamente com seu parceiro, primeiro evite as palavras ásperas. E se quiser que ele deixe de usar uma linguagem agressiva, comece você mesmo por não usá-la. Palavras grosseiras engendram ondas cada vez maiores de palavras grosseiras, em vez de detê-las. Para que ir ao extremo de provocar o ódio da pessoa com quem você vive? Examine as consequências: golpes com paus de macarrão, olhos pretos e, por fim, o divórcio. Em silêncio, corrija suas próprias faltas e elimine as causas que possam ter dado origem a palavras ríspidas, brigas e ódio entre você e seu parceiro.

Se quiser que o Pai Celestial lhe mostre o caminho da harmonia no lar, esforce-se para ser delicado com seu cônjuge em pensamentos, palavras e ações, mesmo que, no fim, vocês decidam se separar. Acima de tudo, evite palavras feias, coléricas ou duras simplesmente porque seu parceiro as usa. Se não gosta da grosseria em seu parceiro, não permita que essa mesma sordidez mental conspurque seus próprios lábios, atos e pensamentos. Caso os dois resolvam partir, que o façam educadamente. Assim, talvez o parceiro reconheça seus erros e se arrependa. Se, por outro lado, tiverem de continuar juntos, não agrave os aborrecimentos do parceiro com mais incompreensão. Sele os lábios. Evite a rudeza em pensamentos, palavras e atos. Conquiste seu cônjuge com cordialidade perene e cortesia em todos os momentos.

Se você tiver de ir embora, poderá escrever uma carta de amor como esta: "Meu bem, tempo houve em que nos amamos. Lembremo-nos sempre disso. Como nos casamos de boa vontade e com boas intenções, mas não conseguimos ter êxito em nosso convívio, partamos sem cólera e recordando sempre nosso afeto de outrora. Deixo você a fim de preservar para sempre o carinho que lhe tenho, pois vou guardar seu amor de antes no santuário de minha memória".

Depois de profunda meditação, permaneça pelo maior tempo possível com a alegria do Pai. Depois, concentre-se no ponto entre as sobrancelhas e mentalmente repita, antes de dormir ou ao acordar: "Pai, estamos juntos. Ensina-nos a viver um com o outro amorosamente ou, se for Tua vontade, a partir amorosamente e com mútua compreensão".

Por que nossos Entes Queridos Morrem

Deus não se contentou com criar apenas frutos, flores e cenários magníficos para entreter o homem. Também assumiu pessoalmente a forma de pais para lhe dar proteção em criança. E, achando que não bastava proteger os pequeninos com o instinto apurado do amor paterno, assumiu igualmente a forma de amigos a fim de estender ao homem um amor ilimitado. Assim, o amor de Deus brinca de esconde-esconde no coração humano.

O bebê cresce amando os pais. Chega à idade adulta. Então os pais morrem e ele sofre com a perda desse amor. Busca compensação se apaixonando e o afeto conjugal inunda seu coração, eclipsando todas as outras formas de amor.

Com o passar do tempo, o primitivo ardor do afeto conjugal arrefece. E ele pergunta: "Para onde foi todo aquele sentimento?"

Casais idosos se mostram amigáveis e compreensivos, mas não podem mais amar-se com os arroubos da juventude. O amor costuma se ocultar por trás do véu dos apegos materiais e quase sempre permanece ali para sempre, jamais reaparecendo para desvelar-se tal qual era.

Quando seus pais morrerem e você perder seu carinho ou quando ficar velho e não puder mais sentir o ardor do afeto conjugal, lembre-se: o amor, em si, não morreu.

O amor verdadeiro continua agasalhado no peito de todos os seres vivos – mesmo nas flores e nas estrelas silentes. Deus oculta ali Seu amor para que possamos recuperá-lo, envolto nas vestes do esplendor eterno.

Por que a Natureza nos faz amar tão intensamente certas pessoas apenas para arrebatá-las de nós – ou, pelo menos, de nossas vistas?

O Amor Divino brinca de esconde-esconde conosco ao longo da vida e depois se disfarça por trás do véu da morte – para que continuemos procurando-o e por fim o encontremos no recinto secreto da Onipresença. O amor nos conduz pelos meandros infinitos da vida e da morte até a terra onde refulge o Amor Perfeito. Em verdade, mesmo na morte, o amor vive.

A lua ri dos amantes que juraram amor eterno, pois seus crânios estão agora espalhados pela terra e nenhum pode mais repetir suas promessas humanas.

No entanto, o amor *verdadeiro* diz: "Que a lua e o destino zombem da inconstância e da transitoriedade dos homens. De Mim, não rirão jamais. Sou Eu quem rompe as cadeias de ossos e carne onde os mortais insistem em Me manter prisioneiro para sempre. Mas vede: embora Eu haja desfeito seu amor humano, ensinei suas almas a seguir a vereda das aflições amorosas até Meu esconderijo no âmago do espaço. Aqui, ao menos, os amantes sinceros descansarão eternamente na bem-aventurança infinita e sempre nova. É Meu amor sem fim que eles buscam nas formas menores da paixão".

O Amor Divino diz aos homens: "Se Me amais, não Me amareis num ser, mas na totalidade dos seres. Lembrai-vos de que, embora tenteis aprisionar-Me numa pessoa, eu destruirei por fim seu invólucro carnal. E o farei para que aprendais a encontrar-Me no todo".

Capítulo 6

O Amigo de Todos os Amigos

Ó Pai, quando eu estava cego não encontrei uma porta que me levasse a Ti, mas agora abriste meus olhos e encontro portas em toda parte: no coração das flores, na voz da amizade, nas doces lembranças de agradáveis experiências. Cada palavra de minha prece abre uma nova porta no vasto templo de Tua presença.

Com o amor de todos os amores humanos consegui Te amar, a Ti que és o Deus dos amores. És o pai protetor. És a criancinha que balbucia amor aos ouvidos dos pais. És a mãe que espalha ternura infinita. Fluis no amor envolvente do amante por sua amada. És o amor dos amigos. Purifica-me com a reverência do servo para com o senhor. Ensina-me a amar-Te com um amor puro, pois és a fonte do amor tanto na terra quanto no céu. Banha-me nos borrifos de todos os amores.

Buda e a Cortesã

Buda e seus discípulos passaram por uma experiência curiosa que durante muito tempo deixou os discípulos intrigados com respeito ao caráter de seu mestre. Buda e seus discípulos haviam feito voto de castidade e renúncia ao amor carnal. No entanto, certo dia, quando estavam todos descansando à sombra fresca de uma árvore, uma cortesã se aproximou, atraída pela face e o corpo esplêndidos de Buda. Tão logo o vira, apaixonara-se por ele; e, de braços abertos, correu para o Mestre a fim de abraçá-lo e beijá-lo, exclamando em altos brados: "Ó formoso Ser Iluminado, eu te amo!"

Os discípulos celibatários ficaram perplexos ao ouvir a resposta de Buda à cortesã. Ele disse: "Querida, eu também te amo. Mas não me toques ainda. Não por enquanto".

A cortesã replicou: "Chamas-me querida e eu te quero igualmente. Por que, então, objetas a que te acaricie?"

O grande Buda explicou: "Querida, repito-te, mais tarde terás minhas carícias; mas não agora. Provarei então meu amor por ti". Os discípulos, chocados, pensaram que o Mestre também se apaixonara pela cortesã.

Anos depois, estando a meditar com seus discípulos, Buda gritou de repente: "Preciso ir! Minha bem-amada, a cortesã, me chama e precisa de mim neste instante. Tenho de cumprir a promessa que lhe fiz". Os discípulos correram atrás do Mestre, na esperança de salvá-lo, embora ele parecesse perdidamente enamorado da cortesã.

O grande Buda, seguido pelos discípulos inquietos, chegou à mesma árvore onde haviam encontrado a cortesã pela primeira vez. E lá estava ela, jazendo por terra, o belo corpo agora coberto com as pústulas putrefatas e fétidas da varíola. Os discípulos estacaram à distância. Mas Buda tomou-a nos braços como uma criança e pousou-lhe a cabeça sobre os joelhos, murmurando-lhe: "Querida, vim para provar-te o meu amor e cumprir a promessa de tocar-te. Esperei muito tempo para demonstrar o meu verdadeiro afeto, pois amo-te quando ninguém mais te quer. Toco-te quando todos os teus antigos amigos receiam aproximar-se de ti". Assim falando, Buda curou-a e convidou-a, já purgada por ele de todo amor carnal, a juntar-se a seu grupo cada vez mais numeroso de discípulos.

O amor pessoal é egoísta e só leva em conta o seu bem – não raro à custa de tudo o mais. O amor divino sempre se mostra magnânimo; busca a felicidade do ente querido e não é limitado nem parcial. Deus ama igualmente os bons e os maus, pois são Seus filhos.

E quem quiser conhecê-Lo deve provar-Lhe que seu amor, como o amor divino, se estende a todos. Quando uma alma demonstra ao Pai Celestial que ama seus bons e maus irmãos da mesma maneira, então o Pai lhe diz: "Nobre filho, aceito teu afeto, pois, como Eu mesmo, amas a todos com o Meu amor". Gostar de quem gosta de nós é coisa natural, mas inspirada pelo ego. Gostar de quem nos ignora ou mesmo nos odeia significa expressar o amor supranatural e ver Deus em tudo.

Que é o Amor Verdadeiro?

Pondere sempre sobre esta verdade profunda: você não pertence a ninguém e ninguém pertence a você. Está neste mundo por pouco tempo. E o verdadeiro motivo de estar neste mundo é bem diferente daquele que possa imaginar.

Sua família o reivindica como coisa própria. Mas, se você morrer e renascer na casa vizinha, ela o amará? Ela ao menos o reconhecerá?

Seus amigos o reivindicam como coisa própria. Mas se por algum motivo, mesmo trivial, você deixar de agradar a eles, quantos lhe permanecerão fiéis? Poucos.

As pessoas dizem que amam outras pessoas, mas na verdade amam a si mesmas. Pois só amam alguém na medida em que alguém *lhes* apraz.

O verdadeiro amor encontra felicidade, não raro ao custo de grande sacrifício pessoal, na felicidade da criatura amada. Quantas pessoas amam dessa maneira? Muito poucas! E dessas poucas, quantas são correspondidas? O número é ainda menor!

Só o amor por Deus é recompensado plenamente – e até mais que isso. Deus nos compreende quando os outros nos interpretam mal. Deus nos ama quando os outros estão contra nós. Deus se lembra de nós quando os outros nos esquecem. Somos de Deus – e só de Deus, por toda a eternidade.

Amor Puro

O sol, a lua, a terra e todas as outras coisas são mantidas juntas pela força de coesão do amor de Deus. Se quisermos conhecê-Lo, teremos de fundir nosso amor ao amor divino, não mantê-lo isolado e mesquinho. Em meio à dança da vida e da morte, saiba que Deus é amor. O único propósito da vida deve ser encontrar o amor. Não pode haver outro mais importante. O amor pode embelezar o homem no corpo e na alma. Não é possível descrevê-lo ou defini-lo: só é possível experimentá-lo como um sentimento profundo.

Todo amor, em sua pureza original, é amor de Deus. Se o amor puro brilhar em seu coração, você será banhado pela beleza magnética, universal, e o amor infinito de Deus. Todas as nações deveriam unir-se no templo do amor e da compreensão abrangentes de Deus. Só o amor perdurará. As leis de Deus são as leis da fraternidade e do afeto.

Embora o amor do homem brote de suas relações humanas e em reconhecimento da utilidade mútua, o amor puro, à medida que evolui espiritualmente, transcende todos os laços mundanos e não mais leva em conta o proveito recíproco. Embora o amor nasça do senso de utilidade, a pessoa deixa de perceber essa condição externa. O amor da mãe pelo filho pode ser tomado como exemplo, pois é incondicional. Ela ama até mesmo o filho perverso.

Devemos expandir nosso amor

Nosso amor não pode limitar-se àqueles que nos rodeiam. A finalidade divina dos relacionamentos íntimos é expandir esse amor. A natureza rompe os laços do amor familiar apenas para nos ensinar que o amor aos familiares precisa ser estendido também aos vizinhos, amigos, compatriotas e todas as nações. Quem não ama sua família não pode amar seu vizinho ou seu país. Quem primeiro não ama seu país não consegue amar outras nações.

O amor é um estado da mente e do coração que, em essência, transcende todos os relacionamentos. Devemos adorar a Deus acima de tudo, por meio de todos esses vínculos. Deus pode ser amado como Pai, Mãe, Senhor, Amigo ou o Amado Divino de todos os corações.

O amor não deve nunca ser circunscrito pela pequenez. Adentrando as portas da amizade, do afeto conjugal, do amor paterno, do amor aos semelhantes e a todos os seres vivos, podemos chegar ao reino do Amor Divino. O amor puro não é fruto de palavras; precisamos cultivá-lo pacientemente no solo do sentimento cada vez mais amplo e cada vez maior da simpatia e amizade por todas as criaturas que existem.

A pessoa que nunca amou alguém em particular não amará a humanidade inteira. Quem nunca gostou até mesmo dos animais não gostará de Deus. O amor divino só brota no solo onde brotou o amor humano.

Expanda o Domínio do seu Coração

Para sentir Deus, você terá de ampliar o território do próprio sentimento autêntico. Por enquanto, você sente apenas com seu coração. Procure, diariamente, sentir cada vez mais com o coração dos outros. Sinta suas aflições, suas tribulações, suas alegrias, suas realizações. Sentir com o coração dos outros significa que você não deve ficar absorvido em si mesmo, mas trabalhar e investir igualmente para eles, amá-los e protegê-los com idêntico interesse e entusiasmo.

Comece mostrando-se sensível às necessidades de determinada pessoa. Dia após dia, amplie esse círculo de sensibilidade a fim de incluir mais gente. Que seus sentimentos por eles sejam ativos, não apenas passivos e piegas. Tente amá-los *ativamente* ajudando-os sempre, sobretudo aqueles que o amam também. Continue agindo nesse espírito até se achar capacitado a fazer o mesmo com as pessoas que não se interessam por você. Por fim, faça com que o sentimento de amor, boa vontade e serviço espontâneo se expanda a ponto de incluir aqueles que não o conhecem e até aqueles que o odeiam. Essa é uma maneira real, prática, de expandir as vitórias da alma de coração para coração, expandindo seus limites para ao fim abranger o reino da Consciência Divina no coração de todas as criaturas.

Sinta o coração único de Deus

Seu amor incessante e sua disposição magnânima a ajudar os outros sem distinção de sexo, casta ou credo farão os sentimentos de seu coração crescer a ponto de acomodar toda a humanidade. Depois que o amor por todos os seres e, mesmo, por todas as coisas for incluído em seus sentimentos, seu coração se fundirá com o Coração de Deus e será uma só coisa com ele. Sentindo a unidade de todos os corações, você sentirá o Coração Cósmico pulsando em cada um. Indo além das limitações do amor individual e egoísta para amar igualmente a todos, você sentirá o Grande Amor Único, eterno, que arde como branca e pura chama no altar universal dos corações. Diga silenciosamente à sua própria alma: "Só o Teu Amor beberei de todas as taças, ó Deus! Das taças de ouro, prata e cristal do mundo, e das taças brilhantes, invisíveis, dos corações humanos – dessas beberei apenas o Teu Amor!"

Reconhecendo o amor divino ardendo secretamente nas lâmpadas de todos os corações, você se dará conta apenas do amor de Deus, que flui por todos os seres e todas as coisas.

Sempre que encontrar um ser humano receptivo, mostre interesse por seu bem-estar físico, mental e espiritual. *Jamais deixe de fazer pelos outros o que faz para si mesmo.* A fim de conhecer o Espírito, você deve se tornar o Espírito manifestado no corpo e na mente de seus semelhantes. Junte a bolha do seu ego ao oceano do Espírito. Amplie-o a ponto de poder contemplar todas as bolhas dos seres vivos flutuando ali. Rompa as barreiras do egoísmo mesquinho e inclua no ego desprendido, ilimitado, todas as criaturas do mundo.

Entoe a canção da consciência cósmica:

Que Tu e eu, Senhor,
Não nos apartemos jamais;
Onda do mar,
Dissolve-te no Oceano!
Sou a bolha:
Transforma-me em Oceano!

Derrube as muralhas do egoísmo. Torne seu amor vasto e profundo o bastante para conter todos os seres.

Ame Deus de todo o seu coração

Beba o néctar do amor divino em todos os corações. Considere cada coração como sua própria taça de vinho, na qual saboreia a fresca ambrosia do amor de Deus. Não beba esse Amor de um coração só, mas de todos, livremente: o amor de Deus, apenas.

Sinta Deus como o amor divino, potencialmente manifestado em todos os corações. Sinta Deus no amor imparcial que você tem por toda a humanidade e no afeto terno que experimenta por todas as criaturas.

Assim, conseguirá fazer a única oração que faço por mim mesmo: "Pai Celestial, que Teu amor brilhe eternamente no santuário de minha devoção. Possa minha devoção por Ti arder para sempre no altar de minha memória. Possa eu amar-Te com ternura nos altares de todos os corações".

Expansão do Amor

Verei o próprio Deus espalhando Seu amor divino sobre mim por intermédio do amor de todos aqueles que me querem bem.

Purificarei e satisfarei minha ânsia de amor no santo amor divino de Deus.

Todos os amigos terrenos, que hoje parecem tão reais, algum dia se tornarão irreais e desaparecerão. Então, seu amigo único e constante será Aquele cujo amor ora parece intangível. Clame por Deus nas profundezas da noite, com presteza, intensidade e determinação. Não se cale até Ele vir até você.

Ó Mãe Divina, ensina-me a fazer uso do dom do Teu amor em meu coração, para poder amar meus familiares mais que a mim mesmo. Abençoa-me para que eu ame meus vizinhos mais que minha família, meus compatriotas mais que meus vizinhos, o mundo e a humanidade mais que meus compatriotas, vizinhos, familiares e a mim mesmo.

Por fim, ensina-me a amar-Te mais que a qualquer outra coisa, pois é com Teu amor que amo tudo. Sem ti, não posso amar nada nem ninguém.

Pai Divino, ensina-me a cruzar as portas do amor familiar e do amor dos amigos até o recinto do amor social mais amplo. Depois, ensina-me a atravessar as portas do amor social, que conduzem à mansão maior do amor do mundo. Ensina-me a ir além dos umbrais do amor do mundo até o território ilimitado do amor de Deus, onde possa perceber todas as coisas, animadas e inanimadas, como entes que respiram e vivem por Teu amor.

Ensina-me a não permanecer junto aos altares fascinantes, mas menores, do amor à família, à sociedade e ao mundo. Ensina-me a ir além desses deuses inferiores, confinados aos domínios estreitos do amor egoísta e humano – até que, cruzando a última porta do amor magnânimo, eu possa entrar no território infinito do amor divino, onde todas as coisas vivas, semivivas ou adormecidas serão minhas.

Lista de ilustrações